消費者心理学

山田一成・池内裕美 編著

はじめに

　人は自分のことを知らない。自分が何をしているか，分かっているようでて，分かっていない。だからこそ心理学は，その不思議な魅力で多くの人たちを惹きつける。

　そして，同じことが「消費者」にも当てはまる。消費社会を生きる私たちは，日々，商品・サービスを金銭と交換しているが，それによって何を得ているのか，本当に分かっているのだろうか。他の商品・サービスから得られないものがあるとしたら，それはいったい何なのだろうか。本書は，そうした自分自身への問いかけから始まる。

　ブランド志向や記号消費。衝動買いやカード破産。あふれ出すような「豊かさ」のなかで，消費者は，あるときは快感や高揚感に包まれ，またあるときは後悔や罪悪感にさいなまれる。ときには他者や集団との一体感に身を任せることもあるだろう。しかも，そうした心の動きには，内側からは潜在意識が，外側からは他者の存在が関わってくる。さらに巨視的に見れば，消費者が快楽を追求することで，経済全体が大きく動いて行くことも容易に想像できる。

　本書では，そうした消費に関わる人間の心と行動に注目し，それを心理学という実証科学によって解明することを試みる。対象とする読者は，はじめて消費者心理学（Consumer Psychology）に出会う人たちである。大学生にも，実務に携わる方々にも，そして，毎日の暮らしのなかで素朴な疑問を感じている多くの人々にも，それぞれの関心の高まりに応じて，ホモ・エコノミカス（合理的経済人）とは異なる「リアルな消費者」の姿について，理解を深めていただければと思う。

　ただし，本書は，消費者心理学の全てを網羅することを目指してはいない。目指したのは，遠くを見つめる人たちの「最初の1冊」になることである。そ

のため本書では，マーケティングや経済学の知識を前提としていない。必要なものは知的好奇心。ただそれだけである。

なお，本書は互いに視点を異にする以下の3つのPARTから構成されている。まず，PART 1では身近な消費体験を取り上げる。ここでは，日々の生活のなかで漠然と感じていたことが，すでに学問の対象として研究されていることが分かると思う。また，PART 2では領域を限定し，消費者の商品選択に注目する。ここでは，消費者行動論の成果を踏まえたうえで，より心理学的な視点から考えを深めることができると思う。さらに，PART 3では，消費者と他者・集団との関係や，消費者と企業・社会経済システムとの関係にまで視野を広げる。ここでは，自分自身が抱える欲求の意味を，今までとは違う枠組みのなかで捉え直すことになるだろう。

とはいえ，本書の各章は基本的には独立しており，どの章から読み始めても理解できるように書かれている。そのため，読者には，気になる章から読み始め，心の羅針盤が示す方向に，自分だけの順番で読み進んでいただければと思う。そして，本書を読み終えた後，その少し先が気になったら，巻末の読書案内に従って「次の1冊」を探してみてほしい。たくさんの良書が多くの読者を待っているはずである。

なお，本書の企画から刊行に至るまで，勁草書房の永田悠一さんは，ずっとわれわれを見守り，支えてくださった。編著者・著者一同，心より感謝申し上げる次第である。

本書によって，消費者心理学の学問としての魅力と意義が，少しでも多くの人々に伝わることを願っている。

2018年9月

山田一成
池内裕美

目 次

はじめに

PART 1　日常生活と消費者心理

1章　どこがお気に入り？ ……………………………………… 3
消費者の感覚と知覚
1. 感覚と知覚とは　4
2. 感覚は消費者行動に大きな影響を与えている　5
3. 身体化認知理論　15

2章　本当にお買い得？ ………………………………………… 19
価格と支払いの心理
1. 価格とは何だろう？　19
2. 価格評価のあいまいさの背後にある心理学的メカニズム　23
3. 心理的財布と支払い　28

3章　見ているだけで欲しくなる？ …………………………… 37
広告の心理的効果
1. 単純接触効果　38
2. 信憑性の効果　39
3. 精査可能性モデル　41
4. 説得への抵抗　45

4章　買わずにはいられない？......51
衝動買いと買い物依存
1. 衝動購買とは何か　51
2. なぜ衝動を抑えられないのか　53
3. 何が衝動買いを促すのか　56
4. 買い物依存症の心理　60
5. 買い物と上手に付き合うには　62

PART 2　商品選択と消費者心理

5章　最初に思い出すブランドは？......69
消費者の知識構造
1. 想起と記憶　69
2. 知識と消費者行動・ブランド管理　71
3. 知識構造のタイプ　74
4. ブランド管理と連想ネットワーク　78

6章　そのブランドじゃないとダメ？......85
消費者のブランドロイヤルティ
1. ロイヤルティと心理的要因　85
2. ブランド・パーソナリティ　87
3. ブランド・エクスペリエンス　89
4. 関与とブランド・リレーションシップ　91
5. ロイヤルティの心理的側面を理解することの大切さ　96

7章　どっちが「買い」？......99
消費者の意思決定

1. 選択肢が多すぎる？　99
2. 消費者の意思決定方略　102
3. 最適化と満足化　106
4. 意思決定の個人差　109

8章　雰囲気で買ってしまう？ ……………………………… 113
消費者の感情

1. 消費場面における感情　113
2. その感情は商品に対するものか　114
3. 商品情報に含まれる感情的要素は商品選択にどう影響するか　121
4. 主観的感覚は商品評価にどう影響するか　123

9章　理由なき購買？ ……………………………………………… 129
消費者の潜在的情報処理

1. 購買理由はあてにならない　129
2. 自動的な心，自覚されない心　133
3. 何を自覚できていないのだろうか？　137
4. 無理に理由を考えるとどうなる？　140

PART 3　消費社会と消費者心理

10章　どうやって背中を押す？ ……………………………… 147
消費者と対人的影響力

1. 人と同じものを頼めるか？　147
2. 対人的影響によって承諾を引き出す方法　150
3. 対人的影響を受ける消費者の心　156
4. 社会的存在としての消費者　159

11章　言わずにはいられない？ ……………………… 163
欺瞞的説得と苦情行動
1. 欺瞞的説得とは何か　163
2. なぜ悪質商法に騙されるのか　167
3. なぜ苦情行動は生じるのか　171
4. これからの消費社会に向けて　175

12章　消費するわたしたち？ ……………………… 179
消費者と社会的アイデンティティ
1. 消費を通じたアイデンティティの表明　179
2. 所属意識と消費　182
3. 望まない意味を伴う製品やブランドを避ける意思決定　185
4. 製品・ブランドとの同一化とユーザー間のつながり　189

13章　欲しいものがなくならない？ ……………………… 195
消費欲求と消費社会
1. 消費欲求の社会的相互依存性　195
2. 基本的欲求のヒエラルキー　198
3. 快楽重視にシフトする消費欲求　202
4. 欲しいものはなくならない　204

読書案内　209
索　引　221
編著者・著者紹介　229

PART 1　日常生活と消費者心理

1章 どこがお気に入り？
消費者の感覚と知覚

　突然だが，下にある2つのパッケージに注目してほしい。読者の方々は，どちらのパッケージのクッキーを食べたいと思うだろうか。2つのパッケージの違いは，製品画像がパッケージの上側にあるか下側にあるかという掲載位置の違いだけである。しかしながら，消費者の多くは，2つの製品がまったく同じであるにも関わらず，右側のパッケージ製品の方を美味しそうだと回答する。本章では，その理由を，感覚と知覚の違いを知ることによって理解していこう。

Deng & Khan（2009）を参考に作成。

1. 感覚と知覚とは

　感覚と知覚を理解する簡単な方法に錯視図を使う方法がある。錯視とは目の錯覚のことであり，私たちの目に入るものが実際とは異なって見える現象のことをいう。たとえば，図1-1の左図は，カフェウォール錯視[1]と呼ばれる錯視図である。あなたには白黒の四角形の境界線がどのように見えるだろうか。図中の横の境界線は実際にはすべて水平で真っ直ぐな線なのであるが，傾いて見えるのではないだろうか。同様に，右のポンゾ錯視と呼ばれる図形も見てほしい。イタリアの心理学者であるポンゾが考案したこの錯視図を見て，多くの人は下側の横線よりも上側の横線の方が長く見えてしまうはずである。しかし，すでにお察しのことと思われるが，2本の横線は実際には同じ長さである。私たちは目でとらえた直線の感覚を，その通り知覚してはいないのである。

　では，改めて感覚と知覚とは何なのだろうか。私たちは目，耳，鼻，舌，皮膚といった器官を通して，自らが存在する世界を視覚，聴覚，嗅覚，味覚，触覚といった感覚として捉えている[2]。それらの感覚として捉えている世界の要素は刺激（感覚刺激）と呼ばれ，各感覚と連結する脳の部分を通して特定の形や音として解釈される。これが知覚である。つまり，感覚とは私たちが外界の刺激を受容した状態であり，知覚とはそれらの感覚情報が編集され，意味づけされた結果，認識している状態である。ゆえに，感覚と知覚は異なるものな

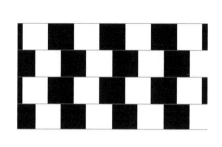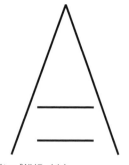

図1-1　カフェウォール錯視（左）とポンゾ錯視（右）

のである。

　カフェウォール錯視については，水平で真っ直ぐな横線を目で捉えた状態が感覚であり，その横線が傾いて見えるという状態が知覚である。冒頭のパッケージ製品についても同様である。2つのパッケージ上の同じ製品画像を捉えている感覚は同じでも，それぞれの製品に感じる美味しさの知覚は異なっているのである。興味深いのは，これらの感覚や知覚は私たちにほとんど意識されていないという点である。しかしながら近年，これらの無意識的な感覚が，知覚を通して私たちの消費場面や購買場面における判断や行動にまで大きな影響を及ぼしていることが明らかになりつつある。こうした感覚や知覚への理解は，これまでの消費者理解により深い洞察をもたらし，消費者行動研究[3]を進展させる可能性を秘めている。

2．感覚は消費者行動に大きな影響を与えている

　私たちの活動が，企業の提供する製品やサービスを購入し，使用しながら生活を送る側面を指すとき，その活動をする個人は消費者と呼ばれる。企業は消費者を引きつけるため，広告や店頭やサービスの現場において工夫を凝らしたメッセージを消費者へ送り続けている。しかし，それらのメッセージは本当に企業が意図するように知覚されているのだろうか。

　以下では，消費者行動研究の分野において，感覚の影響を取り上げた研究を視覚，聴覚，嗅覚，味覚，触覚に分けて紹介していく。その際，それぞれの感覚が果たす役割を意識しながら理解を進めることによって，消費者の購買環境をより快適にしたり，製品やサービスの販売をより促進したりする方法が考えやすくなるだろう[4]。

■視覚

　少し目を閉じただけで些細な行動が困難になるように，私たちは視覚に大きく依存しながら日常を送っている。実際，対象の認識や識別，イメージ形成，多くの外界情報を受容するといった点において，他の感覚よりも視覚が果たす役割は大きいと考えられている。それゆえ，企業のマーケティング活動の多く

は視覚に向けて実施されてきた。

　店頭でも視覚は重要な役割を果たしている。製品を選ぶとき，消費者の目に飛び込んでくるのは膨大なパッケージの数々である。そのなかで，欲しく「見える」製品を消費者は手に取り購入する。そのため，パッケージは瞬時に製品価値を伝えるという役割を担い，店頭における「物言わぬ販売員」とたとえられることもある。では，企業各社のパッケージは，目的とする製品価値を伝達できているのだろうか。消費者は実際に，数々のパッケージをどのように知覚しているのだろうか。こうした問題意識から，視覚的重量感の知覚に注目し，パッケージ上の製品画像における位置効果（location effect）について実験をおこなったのがシャオヤン・デンとバーバラ・カーンである（Deng & Khan, 2009）。

パッケージにおける位置効果の実験

　冒頭に出てきた2つのパッケージは，まさに製品画像における位置効果の影響を受けている。もう一度，冒頭のパッケージを見てみてほしい。もし店頭であなたがこのパッケージを見たとしたら，どちらのクッキーの箱を買い物かごに入れるだろうか。クッキー画像が上側にあるか下側にあるかという掲載位置の違いだけで，消費者がどちらかの製品を選択できる理由は何なのだろうか。

　デンとカーンは，画像の配置は製品の視覚的重量感の知覚に影響を与えると考えた。視覚的重量感とは，視覚的に感じる重さのことであり，クッキーやクラッカーにおいては濃厚さやヘルシーさのイメージと結びつく。仮説の根拠は次の通りである。上下配置と視覚的重量感に関しては，風船のような軽いものは浮き上がり，重いものは下に行くという重力の法則に基づき，製品画像は上側に配置されている方が軽く，下側に配置されている方が重く知覚されるはずである。左右配置と視覚的重量感に関しては，対象が支点から離れるほど，バランスをとるために反対側に重みが必要になるというテコの原理に基づき，視覚で最初に捉える視覚的支点から離れた配置ほど，重く知覚されるはずである（Arnheim, 1974）。そのため，文字を左から右へ読む文化圏では，視覚で最初に捉える左側が視覚的支点となり，左側よりも右側に配置される方が，製品は重く知覚されるだろう。以上の理由から，パッケージの上，左，左上が製品に軽

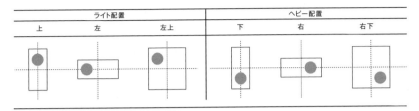

図1-2　配置と視覚的重量感の知覚　Deng & Kahn（2009）より作成。

さを知覚する配置であり（ライト配置），下，右，右下が製品に重さを知覚する配置であると予想された（ヘビー配置）（図1-2）。この仮説は，大学生139人を対象に6種類の掲載位置をランダムに呈示し，それぞれの視覚的重量感の知覚を測定した調査を通して支持された。

その後，視覚的重量感の知覚を考慮して，製品画像の配置が製品評価へ及ぼす影響が検討された。具体的には，実験を通して，重さがポジティブな属性となるようなクッキーでは，重さを知覚させるヘビー配置が製品評価を高め，軽さがポジティブな属性となるような電子製品では，軽さを知覚させるライト配置が製品評価を高めることが明らかにされた。この結果は，事前にスーパーマーケットで実施されたフィールド調査の結果と一致していた[5]。つまり，店頭では重いイメージが好まれるクッキーの方が，軽いイメージが好まれるクラッカーよりも，画像を下側に配置する割合が高くなっていたのである。

ただし，シュガーレスや脂肪分ゼロといった健康表示がある製品に限定すると，店頭ではクッキーの画像を上側に配置する割合が高くなり，健康表示がない製品の場合とは異なる状況となっていた。

この点について，デンらは，個人特性の影響を考えた。つまり，通常，パッケージ上の健康表示は，健康意識が高く，食べ過ぎやカロリー摂取を気にする消費者の関心をひきつける。そして健康意識が高い消費者は，低い消費者に比べ，カロリーや濃厚さに関する知覚が摂取にともなう罪悪感を高めやすいと思われる。そのため，一般的にカロリーが高いと認識されているクッキーを購入する場合，軽さを知覚するライト配置にある製品の方が，重さを知覚するヘビー配置にある製品よりも，彼らの罪悪感は低くなり，製品評価へと結びつきやすくなるのではないかと予想した。

調査の結果，健康意識が高い消費者は，ライト配置に画像があるパッケージの方が，ヘビー配置に画像があるパッケージよりも，クッキーの評価を高めるという結果が示され，店頭における各社のパッケージ戦略の有効性を裏づけていた。このように，視覚と知覚への理解は，企業が目的とする製品価値を伝達するうえで，多くの示唆を含んでいる。

■聴覚

　視覚と同様，聴覚においてもさまざまな不思議が起こる。たとえば，モスキート音と呼ばれる高周波数の不快音を店舗で流すと，若者だけが退店する可能性が高くなるという。人の聴覚は年齢とともに衰えるため，その音が聞こえない高齢の顧客は店に居続けることができる一方で，蚊の鳴くような不快音が聞こえる若者は我慢できなくなるのである[6]。

　また，音の知覚においては適合性（congruence）という概念も非常に重要である。適合性とは，音楽が外界の何か（製品，顧客，空間）と適合することで，音楽に対する知覚が変わり，行動に影響するという概念である（Krishna, 2013）。たとえば，スーパーマーケットではフランス音楽を流すとフランスワインが売れ，ドイツ音楽を流すとドイツワインが売れる。また，レストランでクラシックを流すと「高級」な店であると評価され，ポップスを流すと「快活」な店であると評価されるなど，断片的ではあるが，学術的研究においても適合性の概念に基づく音楽の効果が明らかにされている[7]。

　さらに，音楽による適合性は，身体的反応にも影響を及ぼす。たとえば，私たちは激しい音楽に合わせて自然に体が動いたり，静かな音楽に合わせて気分がリラックスしたりする。また，身体が時間を刻むリズムは，早いテンポの音楽に合わせて早くなり，遅いテンポの音楽に合わせて遅くなるため，早いテンポの音楽が流れている空間にいると，同じ時間の経過に対して，より多くの時間を過ごしたように知覚してしまうのである。このような音楽と身体的反応との密接な関係は，消費者行動研究の文脈においても明らかにされている。スーパーマーケットで実施されたロナルド・ミリマンの研究を紹介しよう（Milliman, 1982）。

スーパーマーケットにおけるBGM実験

　この実験は，米国南西部にある人口15万人程の都市にある全国的に知られるスーパーマーケット・チェーンの中規模店舗で行われた。期間は1980年1月28日から3月31日までの9週間であり，販売量が大きく変動する新年と復活祭の休暇期間を避け，実験期間中の店内のPOP広告やディスプレイといったプロモーションやレイアウトといった要因も可能な限り統一した環境で実施された。

　店内で流す音楽条件は，スローテンポのBGM（1分間に72ビート以下），アップテンポのBGM（1分間に94ビート以上），音楽なしの3条件である。音楽は楽器音楽に限定され，当該店舗の客層を反映したプリテストを通して，音楽を流す40日間にすべて異なる音楽を用意した。音量は店内すべてではっきりと聞こえるものの，柔らかな音として認識されるレベルに維持され，3つの音楽条件のローテーションで毎日，開店から閉店まで流された。

　実験では，買い物客の移動ペース，店舗の売上金額，BGMに対する認知が測定された。移動ペースの測定は，あらかじめ決めておいた店内の観測ポイントの間を買物客が通過する時間を調査員が測り記録した。BGMに対する認知は，買い物を終えて出ていこうとする顧客を無作為に選び，「買い物をしている間に流れていた音楽を覚えていますか」という質問により測定された。

　まず，移動ペースに関しては，①アップテンポ条件（平均108.93秒），②音楽なし条件（平均119.86秒），③スローテンポ条件（平均127.53秒）の順で早くなっていた。統計的に有意な違いはアップテンポとスローテンポの条件間でのみ見られている。

　移動ペースとは反対に，売上金額に関しては，①スローテンポ条件，②音楽なし条件，③アップテンポ条件の順で高くなっていた。統計的に有意な違いはスローテンポ（平均16,740ドル）とアップテンポ（平均12,113ドル）の条件間でのみ見られている。移動ペースの結果とあわせると，消費者はアップテンポのBGMが流れると店内の移動ペースが速くなることで購入量が減り，スローテンポのBGMが流れると移動ペースが遅くなることで購入量が増えたことを示唆している。

　興味深いのは，BGMに対する認知が3条件すべてにおいて非常に低くなっていた点である[8]。このことは，無意識的に知覚された音楽が，消費者行動

に大きな影響を与えていることを示している。

■嗅覚

　フランスの小説家マルセル・プルーストが執筆した『失われた時を求めて』は，作者の若かりし頃の一連の記憶について書かれた小説である[9]。この小説の表現の豊かさにより，香りは強く心に刻み込まれた記憶を鮮明に呼び起こすということが信じられていった。そして近年になってようやく，香りと記憶に関する強力な結びつきが科学的に解明されはじめている。

　心理学において，そうした強い結びつきが生じるのは，嗅覚が，受容した情報を，感情や記憶をつかさどる大脳辺縁系に直接送ることが理由であると考えられている。他方，嗅覚以外の他の感覚の多くは，受容した情報を，理性をつかさどる大脳新皮質を経てから大脳辺縁系に送っている。こうした感覚間の処理システムの違いにより，嗅覚の知覚は他の感覚よりも感情との結びつきが強く，記憶をよみがえらせる力が強いのである。

　では，具体的に，ある特定の香りに対する知覚はどのように形成されるのだろうか。なかには，私たちの判断や行動に強く影響するような知覚を形成する香りもあれば，ただ単に快・不快を知覚させるだけの香りもある。香りに対する知覚は，ある経験中に生じている感情とそのときに漂っている香りとが関連づけられるという連合学習（association learning）を通して形成されるため[10]，ある香りが私たちの判断や行動に影響を有するかどうかは，香りと結びついた感情経験に左右される。たとえば，ある香りとともに経験する感情が平凡で一般的であれば，再びその香りを嗅いだときに形成される知覚もただ単に快・不快を認識するだけのものであったり，万人に共通した知覚を呼び起こしたりするだけになる。一方，ある香りとともに経験する感情が個人的で独特な意味を含むほど，香りと強く結びついた感情経験は，再びその香りを嗅いだときに形成される知覚に強く影響し，私たちの判断や行動に影響を与えるようになるのである。

　ある高級ホテルではリピート率を上げるため，ホテルで漂わせている香りと同じ香りつきのペンを客室に用意した。もしこのホテルでの感情経験が顧客にとってポジティブで特別だったならば，持ち帰ったペンの香りがそうした感情

とともに鮮明な記憶を呼び起こし，再び予約へと導いてくれることを期待してである（Krishna, 2013）。そして，この話を裏づけるような実験がアラドナ・クリシュナらによって実施されている。以下に述べる香りと記憶との関係の強さを検証した実験を通して，嗅覚の知覚が強力であることの理由を理解していただきたい（Krishna, et al., 2010）。

香りを用いた記憶実験

　クリシュナたちは，製品属性として香りが備わる場合に，その香りは当該製品の記憶を強化するかどうかについて確かめることにした。フィールド調査とプリテストを通して，製品属性として香りを有していると認識されていない鉛筆が対象製品に選ばれた。実験は，鉛筆の属性として備える場合にもっともオーソドックスだと評価された香り（パイン材条件），鉛筆の属性として備える場合にもっともユニークだと評価された香り（ティーツリー条件）[11]，香りなしの3条件で進められた。

　実験にはコースクレジット[12]と引き換えに150人の学生が参加した。実験は記憶する段階と記憶を思い出す段階の2つのフェーズで進められた。第1フェーズは記憶する段階である。まず3つのうち1つの香り条件に割り当てられた実験参加者は，個室で新製品開発にかかわる調査であることを告げられ，小冊子を渡された。そして新製品の鉛筆サンプルを見ながら，冊子中の広告に書かれたブランド名と鉛筆の特徴や機能などに関する10の訴求文が適切であるかを評価するよう指示された。その際，これらの情報の記憶テストが後に実施されることは告げられていなかった。

　第2フェーズは記憶を思い出す段階である。実験参加者は，それぞれの香り条件ごとに，5分後（実験直後），24時間後，2週間後の3時点で記憶について調査された。測定される記憶は鉛筆のブランド名と10の訴求文の内容である。何の手がかりも与えずに，とにかく思い出したことを記述させている。結果は，驚くべきものであった。実験5分後の記憶テストでは3条件において記憶数がほとんど変わっていなかったのに対し，2週間後の記憶数には大きな違いが見られたのである。具体的には，実験5分後の再生数を100％とした場合，2週間後の香りなし条件では26.6％の情報しか覚えられていなかったのに対し，香

りつき条件では多くの情報が覚えられており、パイン材条件では76.8%、ティーツリー条件では91.8%の記憶が維持されていた。香りは情報を長期間記憶にとどめる力があり、それはユニークな香りであるほど強いことが示されたのである。

■味覚

「もちもち」「ふわふわ」「パリパリ」「サクサク」。これらの擬声語・擬態語はオノマトペと呼ばれ、多くの人はこれらの表現からその食べ物の美味しさを感じ取ることができる。しかしよく考えてみると、「もちもち」「ふわふわ」は食感や手触りといった皮膚感覚であるし、「パリパリ」「さくさく」は食べた時に耳に聞こえる音である。私たちは、味覚には甘味、酸味、塩味、苦味があると教えられてきた[13]。しかし実際に、人が食べ物に知覚する美味しさは、「甘い」「酸っぱい」「しょっぱい」「苦い」といった表現だけでは到底、伝えることができない。見た目、香り、音、温度、食感といった他の感覚情報が味の知覚を大きく左右させている。オノマトペの例は、味の知覚を考える際に、他の感覚との相互作用を考えることの重要性を示している。

味の知覚に及ぼす他の感覚の影響は学術的にも明らかにされている。たとえば、ポテトチップスをかみ砕く音は大きい方が鮮度感やサクサク感の知覚を高めるし、チョコレートの消費は、色の視覚的バラエティが増すと加速することが明らかにされている[14]。こうした例は、舌で感じるという経験以外によっても、味の知覚が容易に形成されることを裏づけている。では、広告上の文字情報によっても、製品のおいしさを知覚させることはできるのだろうか。エルダーとクリシュナは、食品に関するキャッチコピーや製品説明文を用いて、味覚に及ぼす他の感覚情報の影響を調査した（Elder & Krishna, 2010）。

味覚と広告コピーの実験

「味わい長持ち」と「あなたの感覚を刺激する」。この2つのキャッチコピーを読んでどちらが美味しそうに感じるだろうか。前者は味覚だけにアピールし、後者はすべての感覚に訴えている。クリシュナらの実験では、まさにこのキャッチコピーが用いられている。

まず，大学院生27人によるプリテストを通して，2つのキャッチコピーの選好に違いがないことが確認された。その後，コースクレジットと引き換えに参加した学部生54人を対象に本実験が行われた。2つのうちどちらかの広告条件に割り当てられた実験参加者は，最初に，冊子の表紙に書かれている説明文を読むよう指示された。そこには，食品会社が新発売する板ガムの試食に関する調査であることが書かれてあり，冊子をめくると板ガムの広告として，いずれかのキャッチコピーが掲載されていた。このタイミングで，パッケージを取り除いたペパーミント味の板ガムが渡され，噛みながら心に思い浮かぶことを書き出すよう指示された。最後にアンケートに回答し，実験は終了。分析の結果，「味わい長持ち」のキャッチコピーよりも，「あなたの感覚を刺激する」のキャッチコピーの方が，実験参加者たちは板ガムの味を好ましく評価した。また味覚に限定しない後者のキャッチコピーを見せると，ガムを噛んでいる間にポジティブなことを考える傾向があることも明らかにされた。

続く実験では，ポテトチップスについて，広告の製品説明文に味，香り，感触といった具体的な感覚経験を記述した刺激が用いられた。結果は最初の実験と同じであった。味だけを刺激する製品説明文よりも，他の感覚を刺激する製品説明文の方がポテトチップスの味を好ましいと評価し，さらに後者の製品説明文を見ている実験参加者は，ポテトチップスを食べている間にポジティブなことを考えるという傾向も同じであった。2つの実験は明らかに，味の知覚が他の感覚に強く影響を受けて形成されていることを示している。

■**触覚**

接触の知覚，つまり触覚は，全身のあらゆる部位で感じられる唯一の感覚である。触覚器官は体の外側のあらゆる部位に存在し，口内や体内の一部も含め，私たちは体の至るところで製品や対象を感じることができる。特に，接触を通して知覚する重さ，手触り，硬さ，温度は，他の感覚を用いて判断されにくいため，触覚の主要な特徴と考えられている（Krishna, 2013）。実際，これらの特徴は，たとえ目を閉じたとしても，触覚だけで判断できるだろう。

タオルや衣類の感触，食べ物の食感や温感，電子機器の重量感などの触覚的特徴は，製品や広告に取り入れられ，製品に価値を生み出している。こうした

すでに製品属性として認識されている触覚的特徴以外にも，重さ，手触り，硬さ，温度といった触覚経験は，私たちの考えてもみなかった判断や行動に影響を及ぼしていることが，近年，学術的に明らかにされつつある。ここでは，店頭で製品を検討したり，交渉場面で書類内容を判断したりする際に見られる触覚経験に注目し，それらの触覚経験が消費者の評価や判断に及ぼす影響を検証した，ジョシュア・アッカーマン，クリストファー・ノセラ，ジョン・バージの一連の研究から，3つの実験を紹介しよう（Ackerman, Nocera, & Bargh, 2010）。

「重さ」「手触り」「硬さ」の実験

1つ目は，「重さ」である。実験参加者54人を対象に，履歴書が挟まれたクリップボードを持ちながら求職者の能力を評価してもらうという実験が行われた。その際，履歴書の内容は同じだが，クリップボードの重さは軽いもの（340.2g）と重いもの（2041.2g）の2種類が用意されていた。実験の結果，重いクリップボードで評価したグループは，軽いクリップボードで評価したグループに比べ，求職者の能力を高く評価する傾向が見られた。具体的には，重いクリップボードをもった参加者たちは，能力や真面目さといった項目を高く評価していた。さらに重いクリップボードを持ったグループでは，この課題における自分の判断の重要性をより強く認識していた。重さの感覚と結びつく「重大さ」や「重要性」の概念が，人の印象形成に影響を及ぼしたのである。

2つ目は，「手触り」である。実験参加者64人を対象に，登場人物の間の曖昧な相互作用に関する文章を読んだ後，登場人物の関係（たとえば協調的か敵対的か）を評価するという実験が行われた。なお，実験参加者たちは，この実験に入る前に，5ピースのパズルを完成させるという課題に取り組んでいる。パズルは，一方の条件は表面が滑らかでつるつるした手触りのものであり，もう一方の条件は表面がサンドペーパーで覆われたざらざらした手触りのものであった。結果は，ざらざらしたパズル条件の実験参加者は，つるつるしたパズル条件の実験参加者よりも，登場人物間の関係をより困難で厳しいものであると評価した。粗い手触りの感覚と結びつく「難しさ」や「過酷さ」の概念が，社会的相互作用における対人の印象形成に影響を及ぼしたのである。

3つ目は,「硬さ」である。自動車の価格交渉場面における椅子の硬さの影響が調査された。まず,実験参加者86人は,硬い木の椅子に座るグループと柔らかいソファに座るグループに分けられた。実験は,新車購入における買い手として価格交渉に臨み,買い手が呈示した1回目の希望購入価格が売り手に拒否されて,改めて2回目の希望購入価格の交渉に挑むというシナリオで行われている。1回目と2回目の希望購入価格の差を計算した結果,硬い椅子グループよりも,柔らかい椅子グループの方が,希望購入価格は大幅に上昇する結果となった。つまり,硬い木の椅子グループでは強固な交渉姿勢が維持された一方で,柔らかい椅子グループでは相手の意向をより受け入れやすくなっていたのである。このことは,硬さの感覚と結びつく「強さ」や「頑固さ」(柔らかさの感覚の場合は「弱さ」や「柔軟さ」)の概念が,社会的交渉場面における意思の強さに影響を与えたことを示している。

3.身体化認知理論

感覚の影響を考えるうえで拠り所となる理論の1つに身体化認知理論(embodied cognition theory)がある。心理学領域で構築が進められている当理論は,2008年にローレンス・ウィリアムズとジョン・バージが Science 誌に発表した論文をきっかけに,消費者行動研究においても注目を浴びることとなった。この論文によると,温かいコーヒーカップを持った実験参加者は,冷たいコーヒーカップをもった実験参加者に比べ,他人を「温かい」人物だと評価する傾向が見られた(William & Bargh, 2008)。これは消費者の合理性を仮定し,人々の思考をコンピュータに喩えて理解しようとするこれまでの理論では捉えられない現象であった。この研究を1つのきっかけに,消費者行動研究の分野においてこれまであまり関心が向けられてこなかった感覚の影響について注目が集まったのである。

私たち消費者は日々,温度,色,音,匂いなどの感覚から影響を受けているが,これらの環境的要因が感覚を通して自分の行動に大きな影響を与えていることに気づいていない。しかし常に全身で経験している感覚は,私たちが抽象的概念を理解する足場として機能しているのである。身体化認知理論によると,

人が思考する抽象的概念は，感覚経験と比喩的に結びついており，私たちは感覚経験を結びつけることによって，抽象的概念を理解している。たとえば，アッカーマンらの研究は，交渉時に硬い椅子に座った触覚経験が，交渉時の判断と比喩的に結びつき，意思を曲げない「頑固」な反応を導いたと考えられる。デンとカーンのパッケージの研究は，掲載位置が「下」にあるという視覚経験が，パッケージ上の製品評価と比喩的に結びつき，「重さ」と結びつく判断を導いたのである。身体化認知理論は，消費者の判断や行動の本質をより深く理解するための新たなアプローチとして注目を集めている。

注
1. カフェウォールという名前の由来は，この錯視の提唱者であるリチャード・グレゴリーが教鞭をとる英国ブリストルにあるカフェの壁のデザインから命名されている。カフェの写真はカフェウォール錯視に関する彼の論文（Gregory & Heard, 1979）に掲載されている。
2. 視覚，聴覚，嗅覚，味覚，触覚（皮膚感覚）といった感覚に加え，運動感覚，平衡感覚，内臓感覚といった感覚もある。
3. 企業の提供する製品やサービスを購買し，消費し，廃棄する消費者の行動を解明しようとする研究分野である。マーケティング戦略への示唆を得ることを目的としている。
4. 消費者の感覚が彼らの知覚，判断，行動に及ぼす影響を解明することを通して，企業のブランド構築，製品開発，店頭管理などの局面に生かしていこうとするマーケティングを感覚マーケティング（sensory marketing）と呼ぶ。
5. Den & Khan（2009）の実験では，事前にパッケージにおける製品画像の配置について実状を把握するため，都市にあるスーパーマーケットでフィールド調査を実施している。対象製品はクッキーとクラッカーである。両製品のパッケージにはもれなく写真やイラストが掲載されていたが，それらの画像がパッケージの上側に掲載されている割合は，クッキーよりもクラッカーの方が高かった。しかし，シュガーレス，脂肪分ゼロ，低カロリーといった健康表示がある製品に限定すると，パッケージの上側に画像が掲載されている割合は，クラッカーよりもクッキーの方が高くなっていた。この理由について，彼女たちは続く実験において消費者の個人特性の影響を検討している。
6. 英国Compound Security Systems 社がセキュリティシステムとして2005年に開発した。小型スピーカーから非常に高周波数の音が流れ，聞こえる人にとって

はかなり耳障りな音である。
7．音楽の種類とワイン選択の研究はNorth, David, & McKendrick (1999), クラシック音楽と店舗評価の研究はWilson (2003) を参照。
8．音楽なし条件でなぜかBGMが聞こえたと答えた実験参加者の割合と，音楽を流した両条件において音楽が聞こえたと答えた実験参加者の割合との間に，統計的な有意差は見られなかった。
9．現在では，ある特定の香りから，香りにまつわる過去の記憶が呼び覚まされる心理現象をプルースト効果と呼ぶ。
10．ある刺激が特定の概念と関連づけられることによって，その刺激を呈示したときに特定の概念も活性化するようになるという学習プロセスである。
11．パイン材の香りはマツ科のパイン材から抽出した森林系の香りである。ティーツリーの香りはフトモモ科の常緑樹から抽出した清涼感があるスッキリとした香りであり，強力な抗菌力をもつ。
12．授業の他に実験や調査に参加する活動に対して与えられるクレジット（単位）であり，単位取得や成績評価の材料として用いられることがある。
13．第5の基本味として「旨味（Umami）」が存在する。
14．ポテトチップスの研究はZampini & Spence (2004), 視覚的バラエティと味覚の研究はKhan & Wansink (2004) を参照。

引用文献

Ackerman, J. M., Nocera, C.C., & Bargh, J. A. (2010). Incidental haptic sensations influence social judgements and decisions. *Science, 328*, 1712-1715.

Arnheim, R. (1974). *Art and visual perception: A psychology of the creative eye.* Berkeley: University of California Press.

Deng, X., & Kahn, B. E. (2009). Is your product on the right side? The 'location effect' on perceived product heaviness and package evaluation. *Journal of Marketing Research, 46*, 725-738.

Elder, R. S., & Krishna, A. (2010). The effect of advertising copy on sensory thoughts and perceived taste. *Journal of Consumer Research, 36*, 748-756.

Gregory, R. L., & Heard, P. (1979). Border locking and the Café Wall illusion. *Perception, 8*, 365-380.

Khan, B. E., & Wansink, B. (2004). Impact of perceived variety on consumption quantity. *Journal of Consumer Research, 30*, 519-534.

Krishna, A. (2013). *Customer sense.* Palgrave Macmillan.（クリシュナ, A. 平木いくみ・石井裕明・外川拓（訳）(2013). 感覚マーケティング　有斐閣）

Krishna, A., Lwin, M. O., & Morrin, M. (2010). Product scent and memory. *Journal of Consumer Research, 37*, 157-167.

Milliman, R. E. (1982). Using background music to affect the behavior of supermarket shoppers. *Journal of Marketing, 46,* 86-91.

North, A. C., David, D. J., & McKendrick, J. (1999). The influence of in-store music on wine selections. *Journal of Applied Psychology, 84,* 271-276.

Williams, L. E., & Barge, J. A. (2008). Experiencing physical warmth promotes interpersonal warmth. *Science, 322,* 606-607.

Wilson, S. (2003). The effect of music on perceived atmosphere and purchase intentions in a restaurant. *Psychology of Music, 31,* 93-112.

Zampini, M., & Spence, C. (2004). The role of auditory cues in modulating the perceived crispness and staleness of potato chips. *Journal of Sensory Studies, 19,* 347-363.

(平木いくみ)

2章　本当にお買い得？
価格と支払いの心理

　ゲームのアプリを探していたとき，無料のものがあったので，ついタダのアプリをダウンロードしてしまった。ゲームに夢中になるうちに，オプションとして手に入る，ちょっと値の張るツールを買ってしまった。もしかして，最初から有料アプリを買っていたら，もっと安く遊べたのかも。そういえば，送料無料はお得と思ってインターネットのショップでシューズを買ったけど，別のショップで送料を払った方が結局安く買えるというときがあった。最近，近所のカフェで定期券みたいに1ヵ月分の利用料金を払うと，コーヒーやラテが飲み放題という店もあった。月初めにお金を払ってしまうと，あとは毎回，タダでコーヒーが飲めるように感じるし，便利だ。でも，タダに見えるのは，本当にお得なんだろうか。

1．価格とは何だろう？

■タダ（ゼロ円）から考える"価格"

　0円（タダ）という価格表記は魅力的で，特別な心理的価値があるように見える。極端に考えると，たった1円，すなわち，ほとんど無料のように見える価格であっても，1円という価格があることで0円とは異なる消費者の反応を生み出すのか。ダン・アリエリー[1]らのグループは，チョコレート一粒を0セント，あるいは1セント，2セントといった，日本で言えば1円，2円に相当する，極めて低額の価格で販売する実験を行った（Shampanier, Mazar, & Ariely, 2007）。彼らは，大学のカフェで，ハーシーという安価なブランドのチ

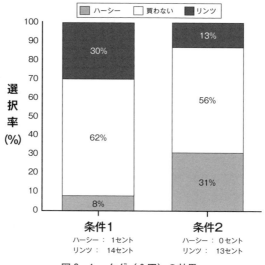

図2-1　タダ（0円）の効果

ョコレートと，リンツという高級ブランドのチョコレートをテーブルに並べておいた。テーブルの上に，1人1粒という個数限定とともに，各ブランドのチョコレート一粒をそれぞれ幾らで販売するかがわかる貼り紙を挙げておいた。それぞれのブランドのチョコレートの価格は次のような組み合わせであった。

　条件1：ハーシー1粒　1セント vs. リンツ1粒 14セント
　　　　（1円と14円に相当）
　条件2：ハーシー1粒　0セント vs. リンツ1粒 13セント
　　　　（0円と13円に相当）

　タダ（0セント）の貼り紙を目にすると，ハーシーを選ぶ人が大幅に増えるとともに，より高額なリンツを選ぶ人が減少した（図2-1）。2つのチョコレートの価格差は13セントに統一されており，条件2の方が，それぞれ1セントだけ安いだけである。しかし，ハーシーに1円相当の価格をつけることで，価

格と商品の値打ちや品質を天秤にかけ，より高額ではあるが高級ブランドとして知られているリンツを選ぶ人がハーシーを選ぶ人よりも多くなった。すなわち，ゼロ（0）という価格に対して特異的な評価がなされることが示唆される。アリエリーらは，価格ゼロは，消費者の嬉しいといった感情を引き出すことも示しており，価格ゼロへの肯定的な感情に基づく意思決定がなされる可能性も指摘している。

冒頭でふれた無料アプリは，ゼロ（タダ）の力を借りて消費者を捉え，アプリ利用を促す仕組みと言える。ただし，無料アプリを提供するだけでは提供する企業の収益には結びつかない。無料アプリを提供する企業は，継続的にアプリを高頻度で利用するユーザーを囲い込み，高頻度のアプリ利用者にオプション購入などを促す仕組みを設け，収益を確保する必要もある。こうしたゼロの力を借りて消費者を捉える仕組みはフリーミアム（freemium）とも呼ばれる。

■価格－品質関係の推定と影響

価格と品質との関係を推定するといっても，品質は商品カタログの数値や事項のように明確にわかりやすいものばかりではない。飲み物や食べ物の味わい，あるいは，英会話スクールの教え方の良し悪しのように，消費者自身が当該の商品やサービスを経験してみないと，品質の高低を理解できないものもある。こうした商品やサービスを利用・経験した後でないと，その品質が分からないものを経験財と呼ぶ。経験財に該当する商品やサービスを購入する際には，価格がその品質を推し測るための重要な手かがりとなる。高額な商品・サービスであるほど高品質であるという推測を消費者は行いやすい（Rao & Monroe, 1989; Pechmann & Ratneshwar, 1992）。

高価格なものは高品質であるという推測は，品質の評価それ自体を押し上げてしまいがちである。たとえば，鎮痛剤を装ったビタミン剤を投与しただけで痛みが治まるという偽薬の鎮痛効果があり，その効果が偽りの鎮痛剤の価格によって左右されることを示した研究（Waber, Shiv, Carmon, & Ariely, 2008）[2]がある。この研究は，実験参加者の腕に痛みを伴う電気ショックを与え，新しい鎮痛剤の投与によって，その痛みの感じ方がどの程度緩和されるかを調べるものであった。ただし，新しい鎮痛剤であるかのように見せかけた錠剤はビタミ

ンC製剤であり，痛みを緩和する効果を本来持たないものが実験参加者に投与した。また，偽薬の価格として，通常価格（一錠につき2.50ドル）と値引きされた価格（一錠につき0.10ドル）の2つの価格条件が設定された。偽薬の価格情報は実験参加者に偽薬を服薬させる際に示された。実験の結果，通常価格条件は，値引きされ安価となった偽薬を投与された条件と比べ，電気ショックの痛みを和らげ，痛みを強くは感じていないことが示された。すなわち，本来ならば鎮痛効果を持たないはずの偽薬の価格情報が，それを呈示された後の痛みという体験の感じ方を変化させていた。消費者が抱く，価格に由来した期待の効果を生み出す脳神経活動は，前頭前野（prefrontal cortex）[3]と関わることを示唆する神経科学の知見も得られている（Schmidt, Skvortsova, Kullen, Weber, & Plassmann, 2017; Plassmann, O'Doherty, Shiv, & Rangel, 2008）。

■**価格推定の相対性**

　高い価格の商品やサービスは品質も優れているであろうという推測は日常的な推論として定着しているが，安いものは品質も劣ると，一概には言えない。我々が入手できる商品やサービスには，それぞれの商品カテゴリーにおける価格帯があり，その価格帯の中で相対的に高額か，低額かという評価も判断の材料に使われる。たとえば，45ドル（約5,000円相当）の比較的高価なスカーフをプレゼントしてくれる人のほうが，55ドル（約6,000円相当）の比較的安価なコートをプレゼントしてくれる人よりも気前がよく見えることを示唆した研究がある（Hsee, 1998）。このように価格の観点から見ると，比較対象となった商品よりも低額な商品に対して高い価値を見い出すことがありうる。ただし，この結果は，45ドルのスカーフと55ドルのコートを直接に比較させず，それぞれの商品を別々に呈示し，単独で気前の良さを評定させた場合でのみ示されたものである。スカーフとコートの商品価格を相互に比較できる場合は，価格の高低によって商品価値の優劣が定まっていた。

　このように価格が商品の価値の推定に大きな影響を与えている。ただし，商品の主観的価値の推定において，価格がどのように影響を及ぼすかは，商品価格帯の中の相対的な位置づけ，あるいは，比較対象となる商品の価格の直接的な呈示などによって揺れ動く。価格のもつ影響力は相対的に決まるのである。

2．価格評価のあいまいさの背後にある心理学的メカニズム

■参照点とフレーミング効果

　価格評価の相対的な性質は，価格評価を行う際に暗黙のうちに設定されている，「損得を分ける基準」が揺れ動くためでもある。この基準のことを参照点（reference point）と呼ぶ。参照点は，大きい／小さいや，明るい／暗いなどの知覚判断を行う際に判断基準となる主観的水準である順応水準（adaptation level）を，価格などの価値判断に適用したものである。

　参照点の設定が，価格を用いた判断においてどのように問題になるのかを考えるために，次の実験について検討してみよう。この実験は，呈示した商品に対して最高でいくらまでなら支払えるかという支払意思額（willingness to pay：WTP）を尋ねた実験である（Hsee, 1998）。

　　湖岸の店先でハーゲンダッツのアイスクリームをカップに入れて売っているＨ商店とＬ商店という２軒の商店がありました（図2-2）。Ｈ商店は10オンス（約300ml）のカップの中に8オンス（約240ml）のアイスクリームを入れて売っています。Ｌ商店は5オンス（約150ml）のカップに7オンス（約210ml）を入れて売っています。それぞれのアイスクリームに対して最高でいくらまでなら払えますか。

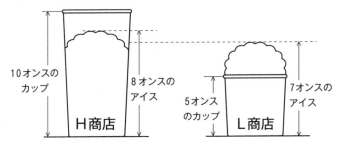

図2-2　アイスクリーム・カップの大きさとアイスの量　Hsee（1998）より作成。

以上の説明を読んだ実験参加者の回答を平均すると，量が多いH商店のアイスに，より高い価格を支払うとなっていた（L商店：平均1.56ドル；H商店：平均1.85ドル）。ところが，H商店とL商店の双方のアイスを示さずに，どちらか一方の商店を単独で示した場合，L商店のアイスに，より高い価格を支払うという結果（L商店：平均2.26ドル；H商店：平均1.66ドル）が得られている。商品が一つしか示されない場合，アイスを入れるカップの大きさ（容量）からみて2オンス多かったか（L商店），2オンス少なかったか（H商店）によって，支払いに値する価値が異なると評価されたのである。単独評価においては，H商店のアイスはカップの容量一杯までは入っておらず，カップの大きさを埋め切っていない部分が損失に見える。一方，L商店のアイスはカップの淵から盛り上がっているのが分かるほどにアイスが盛り付けてあり，カップの大きさを超えた部分が利得に見えたと考えられる。この結果は，約210mlのアイスそれ自体は同じであっても，損得の分かれ目となる参照点の設定を変えることにより，約210mlのアイスの価格に投影される価値判断が揺らぐことを示している。

　参照点の設定を変えることによって価値判断が揺らぐことに関しては，フレーミング（枠組み）効果（framing effect）として知られている現象がある。フレーミング効果とは，客観的にみて選ぶ対象（選択肢）が全く同一であり，その客観的特徴が同じであっても，決定フレームと呼ばれる選択状況の心理的な構成が変わることにより，選択結果，あるいは，その受け止め方が異なることを指す。参照点の設定とフレーミング効果の関係を検討するため，次の2つの選択場面のうち，どちらが嬉しいかを考えてみよう。

　　ケース1：これまでお年玉として1万円をもらっていた親戚から，5千円のお年玉をもらった
　　ケース2：お年玉をもらったことがなかった親戚から5千円のお年玉をもらった

　ケース2の方が嬉しいと感じる人が多いであろう。2つのケースいずれでも，5千円の報酬を獲得したことに違いはない。しかし，ケース1は1万円の報酬の獲得を期待していながら報酬は5千円であったため，1万円を基準に考えて

5千円を損失のように感じた人は，ケース2の方が嬉しいと判断するであろう。ただし，ケース1であっても5千円がもらえたことを嬉しいと感じることも可能である。お年玉としてこれまで1万円をもらってきたという記述によって枠組みが構築され，1万円を獲得した状態が参照点となったといえる。前に述べたアイスクリームの実験であれば，容器の大きさという枠組みが利用されるかどうかで，選択結果や価格評価が逆転することを示しており，これもフレーミング効果の具体例となる。

■プロスペクト理論

　価格や金額の価値判断においては，参照点がどこに設定されているかで，損得の判断が切り替わるだけではない。損と得とでは，同一の価格や金額の増減であっても，その同一価格あるいは金額に対する心理的価値が異なる。こうした特徴をプロスペクト（prospect）理論としてまとめたのがダニエル・カーネマン[4]とエイモス・トヴァスキー[5]である（Kahneman & Tversky, 1979）。次の問題（Kahneman, 2011）を通して，プロスペクト理論を考えてみよう。

　　あなたは次に示すコイン投げの賭けに誘われました。あなたはこの賭けに挑戦したいですか。また，この賭けはあなたにとって魅力的でしょうか。
　　<u>コインの裏が出たら1万円支払う。コインの表が出たら1万5千円もらえる。</u>

　コインの表裏のどちらが出るかは五分五分である。期待値を計算すると，表が出る場合の利得の期待値は7,500円（=15,000×0.5）であり，裏が出る場合の損失の期待値である5,000円（= 10,000×0.5）を差し引くと，明らかに得することが期待される。にも関わらず，1万円の損失が発生することを嫌って賭けに挑戦しない人が多い。すなわち，損失回避（loss aversion）が示唆される。ちなみに，損失における1万円の価値はどの程度のものなのか。先の問題設定を少し変更し，コインの表が出た場合に最低いくら（何円）手に入るならば，あなたはこの賭けに参加するかを考えてみるとよい。実際に調査した結果として，平均すると約2万円程度になることが知られている（Novemsky & Kahaneman,

2005)。すなわち,損失としてフレーミングされた1万円は,利得としてフレーミングされた1万円の約2倍の心理的価値があることになる。

　プロスペクト理論には,参照点の導入や損失回避という特徴だけでなく,経済学などで用いられる効用（utility），そして限界効用逓減の考え方も組み込まれている。効用とは,ものごとの望ましさを表現する尺度である（繁枡, 1999）。また,限界効用逓減とは,所持金が多くなるにつれて,同一金額を新たに獲得したときの効用が徐々に減少することを指す[6]。たとえば,今,100円しか所持していない人にとって新たに獲得した1,000円への心理的価値は大きいが,10万円を所持している人にとっては,新たに獲得した1,000円の心理的価値はさほど大きいとは言えない。すなわち,1,000円という同一金額を新たに獲得したときの心理的価値が,所持金が多くなるにつれて小さくなるのである。

　これまでに挙げた特徴を加味するとプロスペクト理論は図2-3のような価値関数として示すことができる。図2-3はグラフの形がS字型であり,参照点を境にその右側（利得）よりも左側（損失）の方がグラフの傾きが急になる。グラフの傾きが急になるのは,参照点から損失が1,000円生じたときの心理的価値cは利得が1,000円増えたときの心理的価値aの2倍ほどになるなど,同一金額の損失は利得よりも大きな心理的価値があることを表している。また,

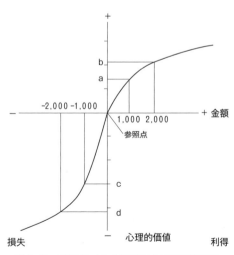

図2-3　プロスペクト理論における価値関数

利得が1,000円から2,000円に増えたときの心理的価値 b は，1,000円の利得における心理的価値 a の倍ほどにはならず，より小さな心理的価値の増加に留まる。利得と同様のことは，損失にも当てはまる。2,000円を損失した際の心理的価値 d は1,000円の損失における心理的価値 c の倍にはならず，より小さな心理的価値の減少に留まる。こうした特徴が図2-3において S 字カーブとして表されている。

■アンカリングと価格判断

売り場を歩くと，「9,800円」，「98円」といった，ほぼ1万円，あるいは概ね100円なのに，一桁低く見せる価格表記が多いことに気づく。「980円」など大台割れ（小嶋，1986）と呼ばれる価格表示は，「千円」という大台を意識させにくく，支払いへの心理的抵抗を減らし，消費者に買いやすい値段であると知覚させる効果があると考えられている。この大台割れの効果は，アンカリング効果（anchoring effect: Tversky & Kahneman, 1974）の一種として説明できる（Thomas & Morwitz, 2009）。アンカリング効果とは，価格などの数値の大きさを見積もる際に，当該の数値を見積る前に見聞きした数値が，その後に行う全く異なる事柄の数値の見積りに影響することを指す。たとえば，高額のブランド品を陳列するショップが並ぶ高級ホテルのカフェで，一杯800円のコーヒーのメニューを見ても，価格の高さに驚くことがないといった状況が当てはまる。アンカリングという言葉は，舟から錨（アンカー）を降ろすと，錨の周辺にしか舟は動けないという現象を数値に関する判断に転用したことに由来する。

アンカリング効果を利用すると，価格表記における左端の数字が錨として働き，価格の主観的評価を方向づけることから大台割れ効果を説明できる（Thomas & Morwitz, 2005）。まず，600円と495円の価格の違いと605円と500円の価格の違いを比べてみる。この場合，600円と495円との価格差の方が大きく，495円をより安く感じられる。すなわち，600円と495円の左端の「6」と「4」という数字が錨の役割を果たし，価格表記全体の主観的評価が構築される。ちなみに，この例も価格差は同一であるのに，その差異の主観的な評価が異なることを表しており，価格評価が相対的であることを示してもいる。大台割れに注目すると，たとえば，100円が98円となる場合，3桁の数字が2桁に減少す

るように，左端の数字の変化が桁の減少を表し，錨の働きが強くなると考えられる。

　価格評価におけるアンカリング効果は，偶発的に遭遇した数値の影響としても示される。たとえば，露天が立ち並ぶ中，陳列している在庫処分品のCDに対して，最高で幾らまでなら支払えるかという支払意思額を尋ねた際に，その周囲の店で陳列しているTシャツの販売価格の高低の影響，すなわち，CDとは全く関係のない商品価格の影響を検討した研究がある（Nunes & Boatwright, 2004）。結果として，CDとは全く関係のない商品の販売価格が高くなることで，CDへの評価も高額になった。偶然に目にした商品の価格が錨となり，錨とは無関係である商品の価格推定を押し上げたと考えられる。アンカリング効果はこうした非意図的な効果となる場合もある。非意図的なアンカリング効果は，ある刺激に関する直前の経験が類似した刺激に対する処理を促進あるいは抑制するプライミング効果（priming effect）としても理解されている（Kahneman, 2011）。

3．心理的財布と支払い

■心理的財布

　バスや電車を乗り過ごしてしまった経験は誰にでもあるだろう。乗越運賃として想定外に20円や30円を余分に支払うときのもったいなさ，支払いの痛みは支払額が少額であっても辛い。ところが，乗り過ごしの数十円を惜しむのに，服や化粧品，コンピュータといった値の張る商品を買う際には千円，時には数万円単位で価格が上下しないと支払いの痛みを感じにくく，数十円単位の価格の増減は無視しがちである。バスなどの支払いと，お気に入りの商品の購入時とでは価格の高低の感じ方，すなわち，支払いの痛みを感じとる価値のモノサシも異なると考えられる（竹村，1998）。

　こうした異なる価値のモノサシを使い分ける様子は，心の中の複数の財布から，それぞれ支払いがなされているように見える。あるいは，お金に用途別のラベルが貼ってあるようにも映る。支払いに使う財布という物理的な財布は一つであっても，用途別にラベルが貼られる，あるいは，異なる財布をあたかも

所持しているかのように，異なる間隔の目盛りが刻まれた複数のモノサシを消費者は使い分けている。こうした行動を小嶋外弘は心理的財布（小嶋，1964），リチャード・セイラー[7]はメンタル・アカウンティング（mental accounting: Thaler, 1985）と呼んでいる。

　異なる商品への支払いには異なる財布あるいはモノサシが用いられ，それぞれの支払いの痛みが異なるとするならば，異なる財布あるいはモノサシをまとめて収支決算することも難しくなる。すなわち，複数の商品をまとめて購入し，合計金額を支払う場合，異なる心理的財布からの支払いの痛みをまとめて収支決算することも難しい。次の2つの問いから考えてみよう（Tversky & Kahneman, 1981）。

　　問A　あなたはジャケットを125ドル（約12,500円）で，計算機を15ドル（約1,500円）で買おうとしている。そのとき，計算機担当の店員が，あなたの買いたい計算機は車で20分走ったところにある支店では10ドル（約1,000円）で売っていると教えてくれた。あなたはこの支店まで行くか？
　　問B　あなたはジャケットを15ドルで，計算機を125ドルで買おうとしている。そのとき，計算機担当の店員が，あなたの買いたい計算機は車で20分走ったところにある支店では120ドルで売っていると教えてくれた。あなたはこの支店まで行くか？

　調査の結果，問Aでは68％の調査参加者が計算機を15ドルで売っている店で買うのを止めて10ドルで売っている店に行くと回答したのに対して，問Bでは，計算機を安く売る店に行くと回答した調査参加者は29％に留まった（Tversky & Kahneman, 1981）。心理的財布の考え方によれば，ジャケットは洋服などを購入するための財布から支出されるであろうし，計算機はジャケットとは別の財布から支出されるであろう。このため，計算機が安くなったとしても，ジャケットの支払い自体は別の心理的財布から行なわれるため，ジャケットの支払いの痛みには変化がない。すなわち，問Aでは15ドルの計算機が10ドルに値引きされた場合であるかのように，また，問Bでは125ドルの計算機が120ドルに

値引きされた場合であるかのように扱われてしまい，合計140ドルを支払う買い物であることには違いがないにも関わらず，問Aの値引きの方が魅力的に見えたと解釈できる。ジャケットと計算機ではそれぞれの支払いの痛みを感じる財布が異なるため，計算機とジャケットを合わせて購入するということが軽視され，一方の商品の割引にのみ注目が集まり，それらをまとめて収支決算することは難しい。

■メンタル・アカウンティングとサンクコスト

　本章冒頭で述べたカフェの定期券のような支払いが好まれる理由も，メンタル・アカウンティングおよびプロスペクト理論を用いて説明できる。カフェの利用やテーマパークの入園料といったサービス消費では，支払いはサービス消費の前に行われることが好まれる（Prelec & Lowenstein, 1998）。海外旅行の場合，支払いは数ヵ月前に行ってしまうことは珍しくない。海外旅行のように，支払いを大分前に済ませてしまうと，その支払いの痛みは時間経過とともに減少していく（Gourville & Soman, 1998）。このため，実際に旅行に出かけたときには，支払への痛みは薄らぎ，旅行の楽しさのみを感じやすい。カフェの例でも，定期券のように1ヵ月分をまとめて事前に支払うことによる痛みは時間が経過するにつれ，減少する。このため，もし，支払額に見合う利用回数に達しない，すなわち客観的には損失が発生したとしても，消費者は支払った分の元を取れないことを損失とは感じにくくなる。

　定期的にカフェを利用する場合，複数回の消費への支払いを一度にまとめてしまうこと自体にも，消費者に損失を感じさせにくくする働きがある。たとえば，390円のカフェラテを注文するたびに現金で支払うと，その都度，支払いの痛みが発生する。ところが1ヵ月のカフェ利用料金として3,900円をまとめて支払った場合，毎回代金を支払ったときに感じる痛みを足し合わせたものよりも，支払いへの痛みは小さくなる。これはプロスペクト理論で説明できる。図2－3で説明したように，カフェラテ代金390円を支払った時の痛みをaとすると，これを10回支払うときの痛みの合計はaの10倍となる。ところが，10回分に相当する3,900円を一括してまとめて支払う場合，限界効用逓減によりその支払いの痛みはaの10倍より下回ることになり，支払いの痛みを感じにく

くなる。また，支払の痛みは1ヵ月で1回のみとなり，毎回のカフェ利用時の現金支払いは不要となるため，毎回のカフェ利用が無料になったかのように感じられる。

　まとめて支払いを行った場合でも，支払いへの痛みは生じる。この痛みはカフェの利用によって相殺されるように感じられる。このため，支払った当初はカフェ利用頻度が上がりやすい。支払い直後に利用頻度が高いことは，支払った後では取り戻すことができない費用にも関わらず，その費用に見合う価値を取り戻そうとするサンクコスト（sunk cost）効果と考えられる（Thaler, 2015）。

　以上の特徴をまとめてみると，定期券のようなカフェ利用料金一括払いは，カフェの利用を消費者に促しつつ，カフェを利用・体験する際の楽しさと支払いの痛みとを分離し，想定外の収益をカフェ側にもたらす可能性がある。消費者側から見ると，1ヵ月分のカフェの利用料金を一括して支払うと，その後のカフェ利用時には，あたかも無料でカフェを利用しているかのように感じられる。消費者は支払い済みの代金に見合うカフェ利用を行ったのか否かという収支決算が得意ではない。ただし，一括して支払った料金に見合う利用回数を超えてカフェを利用すれば，当然，金銭的な意味においても消費者側に利得が生じる。このようにメンタル・アカウンティングの考え方は，利用するサービスや商品の違いによる「異なる財布」の利用にとどまらず，事前払いあるいは事後払いといった支払いのタイミングが支払いの痛みをどのように左右するかという問題にも拡張されている（Prelec & Lowenstein, 1998）。

■電子決済と心理的財布

　Suica などの電子マネーと呼ばれる電子的な決済手段の利用も広がっている。電子マネーの利用にはクレジットカードの利用が前提となる場合も多く，結果としてクレジットカードによる支払いも増えている。電子マネーへの入金，クレジットカードの利用，いずれにおいても，現金で管理する財布とは別の財布あるいは会計を管理することが必要であり，新たに生まれた異なる心理的財布の管理が消費者に求められている。

　電子決済においては支払いのために現金に触る必要はない。電子マネーを組み込んだスマートフォンやクレジットカードを売場などの支払端末にかざすの

みで支払いは完了する。電子決済の利用により，小銭の持ち運びや支払金額を数えるといった手間が省けることは，消費者にとって利点である。ただし，こうした作業の簡略化は，いくら支払ったのかという記憶をあやふやにし（Soman, 2001)，支払いの痛みを感じにくくさせてもいる。

　クレジットカードは，電子決済だけでなく，サービスの購入やその消費経験と支払時期を分離させてもおり，かつ，多種多様で複数の商品やサービスへの支払いがクレジットカードの請求にまとめられるという特徴がある。このため，クレジットカードを用いた支払いへの痛みは感じにくい（Prelec & Lowenstein, 1998)。加えて，近年，普及が進むリボルビング払いは，商品購入の翌月などに当該商品の購入金額を支払うのではなく，クレジットカードの利用残高に応じて，毎月1万円といった形式で一定額を払い続ける形式である。このため，リボルビング払いによるクレジットカード決済を商品購入に用いると，購入という行為とその支払いとの関連が一層，複雑になるだけに，痛みも直感的に感じにくく，より複雑で難解な収支決算を消費者に求めることになる。

　クレジットカード払いによる支払いへの痛みの感じにくさは，不摂生な食行動につながる商品購入を消費者に促すことを示唆する研究もある（Thomas, Desai, & Seenivasan, 2011)。この研究において，コカコーラやチョコレートクッキーといった，食べ過ぎると栄養バランスを崩し，肥満などにつながりやすい食品の衝動的な購入が，クレジットカードを用いた支払いによって増加することも示されている。

　以上のように，価格は商品の特徴としてわかりやすく顕著なものであり，商品比較においても価格の高低を判別することは容易である。しかし，価格への主観的評価は相対的に決まるものであり，その基準もまた種々の事柄の影響を受け，変化していく。特に，支払いという行為も含めて価格を考えることにより，価格の主観的な評価や商品選択に及ぼす影響を具体的に検討することができる。価格への価値は消費者の心理過程を通し，状況に応じて構成されるのである。

注

1. ダン・アリエリー (Dan Ariely)。デューク大学教授。著書『予想通りに不合理』(*Predictably Irrational*)『不合理だからすべてがうまくいく』(*The Upside of Irrationality*) はベストセラー。2014年には『お金と感情と意思決定の白熱教室——楽しい行動経済学の世界』(NHK教育テレビ) が放送され，TEDTalkで講演動画も配信されている。
2. この研究は2008年にイグノーベル (Ig Nobel) 医学賞を受賞している。
3. 前頭前野は，日常生活を営むための活動を適切に実行するために必要とされる集中力を維持したり，社会的に適切な行動の実行を制御したりする大脳皮質の領野である。
4. ダニエル・カーネマン (Daniel Kahneman)。プリンストン大学名誉教授。判断と意思決定におけるエイモス・トヴァスキーとの共同研究が，心理学のみならず，経済学などの分野にも影響を与え，行動経済学を生み出す基礎を築いた。2002年にノーベル経済学賞を受賞。著書『ファスト&スロー：あなたの意思はどのように決まるか?』はベストセラー。
5. エイモス・トヴァスキー (Amos Tversky)。判断と意思決定に関する研究や，公理論的測定論などの多くの学問分野に影響を与える。カーネマンとの共同研究のエピソードはマイケル・ルイスが著した『かくて行動経済学は生まれり (*The Undoing Project: A Friendship that Changed the World*)』に詳しい。
6. 限界効用逓減の考え方は，心理物理学におけるフェヒナーの法則と同様のものである。カーネマンとトヴァスキーはフェヒナーの法則も踏まえ，限界効用逓減に相当する特徴を感応度逓減性 (diminishing sensitivity) と捉えている (Kahneman, 2011)。
7. リチャード・セイラー (Richard H. Thaler)。シカゴ大学教授。行動経済学や行動ファイナンスの黎明期から活躍。2017年にノーベル経済学賞を受賞。キャス・サンスティーン (Cass R. Sunstein) との共著である『実践　行動経済学 (*Nudge: Improving Decisions About Health, Wealth and Happiness*)』もベストセラー。

引用文献

Gourville, J. T., & Soman, D. (1998). Payment depreciation: The behavioral effects of temporally separating payments from consumption. *Journal of Consumer Research, 25(2)*, 160-174.

Hsee, C. K. (1998). Less is better: When low-value options are valued more highly than high-value options. *Journal of Behavioral Decision Making, 11(2)*, 107–121.

Kahneman, D. (2011). *Thinking, fast and slow.* New York. Farrar, Straus and Giroux. (カーネマン，D. 村井章子 (訳) (2012). ファスト&スロー——あなたの意思はどのよ

うに決まるか？　早川書房）
Kahneman, D., & Tversky, A. (1979). Prospect theory: An analysis of decision under risk. *Econometrica, 47(2)*, 263-291.
小嶋外弘（1964）．消費者心理の研究　日本生産性本部
小嶋外弘（1986）．価格の心理――消費者は何を購入決定の〝モノサシ〟にするのか　ダイヤモンド社
Novemsky, N., & Kahneman, D. (2005). The boundaries of loss aversion. *Journal of Marketing Research, 42(2)*, 119-128.
Nunes, J. C., & Boatwright, P. (2004). Incidental prices and their effect on willingness to pay. *Journal of Marketing Research, 41(4)*, 457–466.
Pechmann, C., & Ratneshwar, S. (1992). Consumer covariation judgments: Theory or data driven? *Journal of Consumer Research, 19(3)*, 373–386.
Plassmann, H., O'Doherty, J., Shiv, B., & Rangel, A. (2008). Marketing actions can modulate neural representations of experienced pleasantness. *Proceedings of the National Academy of Sciences, 105(3)*, 1050–1054.
Prelec, D., & Loewenstein, G. F. (1998). The red and the black: Mental accounting of savings and debt. *Marketing Science, 17(1)*, 4-28.
Rao, A. R., & Monroe, K. B. (1989). The effect of price, brand name, and store name on buyers' perceptions of product quality: An integrative review. *Journal of Marketing Research, 26(3)*, 351–357.
Schmidt, L., Skvortsova, V., Kullen, C., Weber, B., & Plassmann, H. (2017). How context alters value: The brain's valuation and affective regulation system link price cues to experienced taste pleasantness. *Scientific Reports, 7(1)*, 8098.
Shampanier, K., Mazar, N., & Ariely, D. (2007). Zero as a special price: The true value of free products. *Marketing Science, 26(6)*, 742–757.
繁枡算男（1999）．効用　中島義明・安藤清志・子安増生・坂野雄二・繁枡算男・立花政夫・箱田裕司（編）心理学辞典（p. 265）有斐閣
Soman, D. (2001). Effects of payment mechanism on spending behavior: The role of rehearsal and immediacy of payments. *Journal of Consumer Research, 27(4)*, 460-474.
竹村和久（1998）．状況依存的意思決定の定性的モデル――心的モノサシ理論による説明　認知科学, *5(4)*, 17-34.
Thaler, R. H. (1985). Mental accounting and consumer choice. *Management Science, 4(3)*, 199-214.
Thaler, R. H. (2015). *Misbehaving: The making of behavioral economics*. New York, W. W. Norton.（セイラー, R. H. 遠藤真美（訳）（2016）．行動経済学の逆襲　早川書房）
Thomas, M., & Morwitz, V. (2005). Penny wise and pound foolish: The left‐digit effect in price cognition. *Journal of Consumer Research, 32(1)*, 54-64.
Thomas, M., & Morwitz, V. G. (2009). Heuristics in numerical cognition: Implications for

pricing. In A. R. Rao (Ed.), *Handbook of pricing research in marketing* (pp. 132-149). Cheltenham, Edward Elgar.

Thomas, M., Desai, K. K., & Seenivasan, S. (2011). How credit card payments increase unhealthy food purchases: Visceral regulation of vices. *Journal of Consumer Research, 38(1)*, 126-139.

Tversky, A., & Kahneman, D. (1974). Judgment under uncertainty: Heuristics and biases. *Science, 185(4157)*, 1124-1131.

Tversky, A., & Kahneman, D. (1981). The framing of decisions and the psychology of choice. *Science, 211(4481)*, 453-458.

Waber, R. L., Shiv, B., Carmon, Z., & Ariely, D. (2008). Commercial features of placebo and therapeutic efficacy. *JAMA: Journal of the American Medical Association, 299(9)*, 1016-1017.

(秋山 学)

3章 見ているだけで欲しくなる？
広告の心理的効果

　広告はさまざまな形で人々の生活に入り込んでいる。たとえばあなたがスポーツ観戦に出かけたとしよう。スタジアムのあちこちにはチームや協賛企業の広告が並べられているだろう。フィールドはぐるりと広告に囲まれているし，選手のユニフォームにも広告として企業のロゴが入っている。試合に注目していれば，それらは自然と目に入ることになる。
　試合の合間に飲み物や応援グッズを買いに売店に行くこともあるだろう。その売店でお気に入りの選手がイメージキャラクターになっているサプリメントを見つけたら，とくに必要だと思っていなくてもついそれを手に取るかもしれない。一般人が勧めるサプリよりは効果がありそうな気がしないだろうか。一方，もしあなたが健康や筋力アップに強い関心をもっているなら，好きな選手が勧めているという理由だけでサプリの良し悪しを判断せず，機能やコストパフォーマンスなどを考慮して，買うかどうかを判断するだろう。
　スタジアムのスクリーンにチームのスポンサー企業の広告が映されることも多い。インパクトを強めたいという気持ちはわかるけれども，「○○ファンなら問答無用で絶対検索！」などと強く言われてしまうと，押しつけがましさを感じてちょっと嫌な気分にならないだろうか。
　このように，広告は多様な形式で私たちの目に触れるところに存在し，無視されることもあるが，購買行動を左右することも少なくない。いったい広告はどうやって私たちの気持ちに働きかけているのだろうか。広告主は，広告を通じて製品やブランドに関する情報や魅力をアピールすることで，消費者の態度や行動に影響を与えようとする。こうした働きかけの影響は，心理学では説

得・態度変化というキーワードによって解説される[1]。本章ではこの説得・態度変化の理論や代表的な研究結果を紹介しながら，広告の心理的効果について説明する。

1. 単純接触効果

広告にはさまざまな種類のものがあるが，共通する特徴の1つとして，消費者が広告に何度も接触するよう計画されることがあげられる。たとえば，選手のユニフォームに貼られた企業のロゴは，選手がアップになるたびに何度も目に入ることになる。このような接触回数の多さは，接触対象に対する態度をポジティブにすることがわかっている。これを単純接触効果（mere exposure effect）と呼ぶ。

単純接触効果を指摘したザイアンスは「接触するほど好きになる」というシンプルな関係性を証明するために調査や実験を行った（Zajonc, 1968）。まずザイアンスはさまざまな単語の意味と使用頻度の関係に着目し，ポジティブな意味をもつ語（良い，正しい，可能，成功，賞など）がネガティブな意味をもつ語（悪い，誤り，不可能，失敗，罰など）よりも使用頻度が高いことを示した。さらにザイアンスは接触頻度が好ましさを高めるという因果関係を明らかにするために実験も行っている。その実験の1つでは，トルコ語の単語12語を用意して，トルコ語を知らない参加者に異なる頻度（2秒×1回，2回，5回，10回，25回）で呈示した。どの単語が高頻度で呈示されるかは実験のセッションによって異なっていた。その結果，高頻度で呈示された単語ほど良い意味をもつと推測されやすかった。ザイアンスは同じ手続きの実験を漢字風の文字や顔写真を用いても行っており，それらの実験でも高頻度で接触した対象が好ましく評価されるという結果が得られた。

なぜ接触機会が多いとポジティブな態度が抱かれるのだろうか。現在有力視されている説としては，新奇な刺激への警戒感が接触回数の増加によって軽減する，接触回数の増加によって生じた「見慣れた」という感覚が態度に影響するといったものがある。また，単純接触効果は「自分が対象に接触している」という意識がなくても生じることがわかっている。フィールドの周りに張り巡

らされた広告のように，試合内容に夢中になってまったく注意を向けられていなかったとしても，視界の中に入っていれば単純接触効果は生じうるのである。

単純接触効果は広告を用いた実験でも研究されている（Berger & Mitchell, 1989）。この実験ではデザインが統一された複数枚のチラシを作成し，広告の反復呈示と広告評価，製品選択の関係を検討した。広告製品は味の異なる5種類のシリアルバーだった。参加者は直接経験条件（広告を見ずに選択），広告1回呈示条件，広告3回呈示条件，広告4回呈示条件の4条件のいずれかにわりふられた。1回の広告呈示時間は15秒だった。実験の結果，広告が複数回呈示された場合には広告評価に応じた製品選択がなされていた。つまり，ポジティブに評価された広告の製品は選択され，ネガティブに評価された広告製品は選択されなかった。

このように接触機会の増加は態度をポジティブにしたり，態度と一貫したブランド選択を促進したりする。ただし研究が蓄積されるにつれ，単純接触効果の影響には限界があることもわかってきている。まず，単純接触効果の研究で呈示される刺激は，ポジティブにもネガティブにもとられない中立的なものであることが多い。よって，もともとネガティブな印象を与える刺激でも反復呈示によってポジティブな印象に変わるとまでは言い切れない。さらに多くの単純接触効果の研究をまとめたレビュー論文によれば，最初の内は刺激への接触頻度が多いほど態度はポジティブになるが，接触頻度が一定の限度を超えると態度はポジティブではなくなっていく。単純接触効果はさまざまな実験で示されている頑健な現象だが，こうした限界があることも意識しておく必要があるだろう。

2．信憑性の効果

次は広告の送り手に目を向けてみよう。広告には製品やブランドに関連する様々な情報が含まれているが，広告の効果を決めるのはそうした情報の内容だけではない。情報を伝えるのが誰であるかという問題（情報源泉と呼ぶ）も広告の影響力を左右する。章の冒頭であげたサプリメントの例のように，同じ製品でも好きなアスリートが勧めるか，知り合いでもない一般人が勧めているか

によって，製品に対する印象は変わるだろう。信用に値する相手が情報を伝えているかという問題は，情報源泉の信憑性（source credibility）というキーワードで説明される。

　信憑性の構成要素としては，専門性と誠実性，魅力があげられる。専門性は文字通りその人がその分野の専門的な知識を有しているかどうかを意味する。たとえば皮膚科医が推薦する化粧水は美肌効果がありそうに思えるだろう。誠実性は，その人が正しい情報を伝えているかどうかを意味する。相手に正しい情報を伝えていないのではという疑いが生じると，専門家であってもメッセージを信じてもらえなくなる。情報源泉の魅力も信憑性の構成要素である。今が旬のすてきな芸能人やスポーツ選手に製品やブランドを宣伝してもらうことによって，伝えられる情報も受け入れられやすくなるのである。

　情報源泉の信憑性の効果を検討した説得領域の古典的研究として，ホブランドたちが行った実験があげられる[2]。この研究（Hovland & Weiss, 1951）では大学生61名に対し，「処方せんなしの抗ヒスタミン剤（アレルギー薬の1種）販売の是非」などの4つのトピックに関する意見を尋ね，その5日後に同じトピックに関する説得メッセージを読ませた。メッセージの内容はどれも同じだったが[3]，半数の実験参加者はそのメッセージが学術誌や官公庁など，信用できる情報源からのものだと伝えられた。これに対し，残りの参加者はそのメッセージが大衆誌や極端な意見を掲載する新聞などを情報源とすると伝えられた。説得メッセージを読んだ後の実験参加者の意見を調べたところ，学術誌などの信憑性の高い情報源を読んだ場合は23%が意見を変えていたのに対し，大衆誌などの信憑性の低い情報源を読んで意見を変えた者はわずか6.6%に過ぎなかった。伝えている内容はまったく同じであるにもかかわらず，それを誰が伝えているかによって，影響力には大きな違いが生じたのである。

　広告を使って信憑性の効果を検討した研究（Lafferty & Goldsmith, 1999）では，情報源泉を広告出演者と広告主である企業に分け，架空企業の運動靴の印刷広告を用いた実験を行った。その結果，広告出演者の信憑性の高さと企業の信憑性の高さはどちらも広告やブランドに対する態度をポジティブにしたが，出演者の信憑性の効果は広告に対する態度に，企業の信憑性の効果はブランドに対する態度により強い影響を及ぼしていた（図3-1）。また，製品購買意図

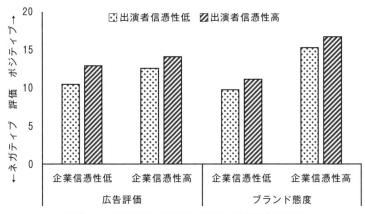

図3-1 情報源泉の信憑性の効果に関する実験結果

に影響していたのは企業の信憑性のみであり，出演者の信憑性の効果は見られなかった。この結果は実際に存在する企業の広告を用いた調査でも再現されている。

　情報源泉が誰かという情報は広告の中で目立つことも多い。しかし外見的な魅力が高い芸能人が勧める製品がいつでも優れているとは限らないなど，情報源泉の信憑性は製品やブランドそのものの特性とは直接関係しないことも多い。私たちは誰が広告しているかという情報に影響されるが，購入しようとしている製品が本当に良いものであるかを見極めようとするときには，その情報がかえって私たちを惑わす場合もあることに注意が必要である。

3．精査可能性モデル

　新しい部屋に引っ越そうと思う時，広告に掲載された建物の外観やCM出演者だけで新居を決める人はいないだろう。その家の間取りはどうか，最寄り駅からの距離はどれくらいか，日当たりはどうか，周辺地域の治安はどうか，家賃は予算の範囲内かなどをじっくり比較検討して，失敗のない選択をしようと努力するのではないだろうか。一方，電車の発車時間が迫っている中で飲み物を買うようなときは，あまりよく考えずに普段買っている製品や，その場で

目立っている製品に手を伸ばすだろう。こうした違いを説明する理論として，ペティとカシオッポが提唱した精査可能性モデル（Elaboration Likelihood Model）があげられる。ここでの精査とは，よく考え内容を吟味するという意味である。与えられた情報に十分な注意を向け，自分の記憶に保持されている関連情報と照らし合わせながらその内容の妥当性や重要性をきちんと判断するという姿勢を指す。この精査が生じる可能性の高さに応じて，異なる手がかりに注目した態度変化が生じるというのが精査可能性モデルの内容である（Petty & Cacioppo, 1986）。

　精査の可能性に影響を与えるのは，情報処理動機（情報をしっかり処理しようと思っているかどうか）と情報処理能力（情報を処理する余裕や能力が十分にあるか）である。情報処理動機や能力が高い場合は精査の可能性は高く，入手された情報は時間をかけてしっかりと検討され，その内容に基づいて態度が決まる。これを中心ルートの処理と呼ぶ。自分にとって重要なことや利害が直接自分に及ぶような場合（関与が高い場合），関連情報を多く保持していて，それについてじっくり考える能力や余裕がある場合には精査の可能性が高くなりやすく，中心ルートの処理が行われやすい。先ほどの引っ越し先の決め方は中心ルートに基づく処理といえる。一方，動機や能力が低く精査が行われない場合は，目立つ手がかりのみに基づいて態度変化するかどうかが決定される。これを周辺ルートと呼ぶ。目立つ手がかりとは，前項であげた情報源泉や，情報の見た目の量などのパッと見てすぐわかるものを指す。周辺ルートの情報処理ではこれらの目立つ特徴が瞬時に注目されて態度が決まる。発車間際に飲み物を買う際の決め方が周辺ルートに基づく処理である。

　精査可能性モデルを提唱したペティたち（Petty, Cacioppo, & Schumann, 1983）は，アメリカ人大学生を対象として，広告を用いた実験を行った。参加者には最近アメリカに進出してきたヨーロッパブランドの広告として12製品のチラシが入った冊子が配布され，そのうちカミソリの広告が実験刺激として用いられた。残り11製品のチラシは実験にリアリティをもたせるためのダミー刺激であった。カミソリの広告は全て同じようなデザインだったが，関与の高低，根拠の強弱，送り手の信憑性の高低の3要因に違いがある8パターンが作られ，ランダムに冊子の中に含められた（広告パターンは図3-2，広告例は図3-3）。

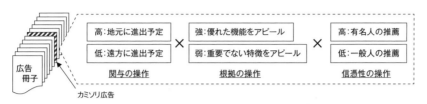

図3-2　ペティたちの実験で用いられた広告冊子の構成とパターン

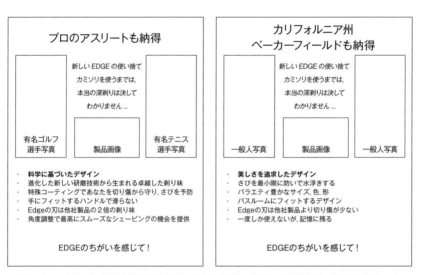

図3-3　ペティたちの実験で用いられた広告刺激　左側が信憑性高＋根拠強条件，右側が信憑性低＋根拠弱条件

　関与の操作は，このブランドが進出する地域と研究参加の謝礼品を変えることで行われた。関与高条件では，このブランドは大学近隣に進出予定であると伝えられ，謝礼品は広告製品と同じカミソリだと告げられた。関与低条件では，このブランドは大学から遠く離れた地域に進出予定で，謝礼品はハミガキだと告げられた。次に根拠の強弱は，広告内の製品のアピールポイントを変えることで操作された。根拠強条件ではカミソリの剃り味の良さなどの優れた機能についての情報が載せられたが，根拠弱条件ではあまり重要でない特徴（たとえばバスルームでの見栄えの良さ）についての情報が載せられた。最後に送り手の

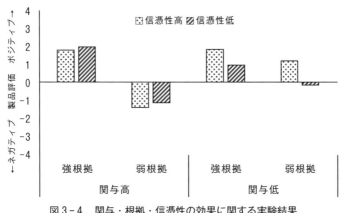

図3-4　関与・根拠・信憑性の効果に関する実験結果

　信憑性は，広告に掲載された製品の推薦者とその写真を変えることで操作された。信憑性高条件では有名アスリートが製品を推薦していると書かれ，信憑性低条件では一般人が推薦していると書かれていた。

　実験の結果，広告製品であるカミソリの評価に根拠の強さと信憑性の高さが及ぼす影響は，関与のちがいによって異なっていた（図3-4）。関与高条件，すなわち製品は自分と関わりが深いと感じている場合は，強い根拠が掲載された広告を見た参加者の方が，弱い根拠の広告を見た参加者よりも製品をポジティブに評価した。ただし信憑性の効果は見られなかった。一方，関与低条件，すなわち自分と製品のあいだに関連を感じない場合には，信憑性の高い送り手の広告を見た参加者の方が，信憑性の低い送り手の広告を見た参加者よりも製品をポジティブに評価しており，こちらでは根拠の強さの影響は見られなかった。つまり，関与が高い場合には根拠の強さが製品評価に影響し，関与が低い場合には信憑性が影響を及ぼしていた。この結果は，関与が高い場合に中心ルートの処理が生じ，関与が低い場合に周辺ルートの処理が行われるという精査可能性モデルに一致する結果である。

　なお，同じ製品であっても，消費者との関係性や環境によってどちらのルートの情報処理が行われるかが変わることもある。本章の冒頭であげたスポーツ観戦の例で，ひいきの選手が推薦するサプリメントを買うかどうかという話題

をとりあげたが,サプリメントに関心がない場合には誰が勧めているかという情報源泉の影響を受けやすい。とくに試合が長引いて応援疲れを感じているようなときには,好きな選手が勧めているので思わず帰り際に買ってしまったものの,家に着いてからとくに必要なかったと後悔することになりやすい。これはもともと関与が低かった上に,疲れて情報処理動機がさらに低下したために生じた周辺ルートの処理の結果とも説明できる。一方,サプリメントに強いこだわりをもつ人であれば,成分や価格,味などのさまざまな特徴を考慮して総合的に判断するだろう。こちらでは中心ルートの処理が生じているといえる。

　精査可能性モデルは,どちらかのルートが妥当で正しいということを主張するものではない。一見すると中心ルートの熟考による態度変化の方が適切に思えるかもしれないが,発車間際の飲料購入のように,限られた時間の中で失敗しても大きなダメージとならない製品を選ぶ場面では,無理に中心ルートを通る処理を行うことはかえって非合理的である。精査可能性モデルの知見は,効果的な広告とは広告内容だけで決まるのではなく,消費者と製品の関係や購買場面の状況に応じて変わりうることを示唆している。

4. 説得への抵抗

　消費者は広告の影響力に対し無力で,ただその内容にふりまわされるだけなのだろうか。もちろん広告によってそれまで買おうと思っていなかった製品を手にとったり,日ごろ使っている製品を買い替えようと思うこともあるだろう。しかし,広告を目にすることで,「絶対に買わない」とかえって態度が頑なになったり,ブランド態度が悪化したりすることもある。たとえば,押し付けがましい表現の広告は,買う気を損なってしまう。こうした現象を説明する際のキーワードが心理的リアクタンス (psychological reactance) である。

　心理的リアクタンスの生起を指摘したのはブレームである。ブレームによれば,人には「自分には選択や行動の自由がある」という意識がある。こうした自由が外部から脅かされた場合,つまり誰かが自分の選択や行動の自由を奪い,その人の都合のよいように自分を動かそうとした場合には,その働きかけに対する抵抗が生じる。これを心理的リアクタンスと呼ぶ。心理的リアクタンスが

生じた場合，人は自らの自由を回復させようとして，働きかけに応じることを拒否したり，働きかけとは逆方向にふるまったりする。説得において心理的リアクタンスが生じたときには，説得内容に同意しないという形で自由の回復が図られる。

　ブレームたちは（Worchel & Brehm, 1970），人々の意見が二分されるトピック（アメリカ国内における共産主義者の扱い）[4]について書かれた説得メッセージを読ませる実験を行った。説得メッセージの内容はほぼ同じだったが，脅威強条件では「他のことを信じてはいけない」「この話を信じる以外の選択肢はない」といった強い表現がメッセージに含まれていた。脅威弱条件ではこうした表現は含まれていなかった。

　実験の結果，脅威の強さの異なるメッセージの影響は，実験参加者が説得メッセージを読む前から抱いていた事前態度によって違っていた。事前態度が説得メッセージで主張される立場と一致する方向であった場合に，脅威強条件では，なんと態度が説得方向とは逆に変化したのである。つまり，元々は賛成意見をもっていた人でも，「絶対に賛成しなくてはいけない」という脅威の強いメッセージを受け取ると，意見を翻して反対意見をもつようになったのである。こうした説得メッセージと逆方向の態度変化は，脅威の弱いメッセージでは見られなかった。

　自分と同じ意見であるはずの説得メッセージを読んだにも関わらず，なぜ脅威強条件では意見が逆方向に変化したのだろうか。これは，脅威強条件で使われた表現が他の意見を許さないものだったからだと考えられる。言い換えるなら，脅威強条件の表現は実験参加者が自分で選んだ立場にたつ自由を否定し，特定の立場を強制するような印象を与えた，とも言えるだろう。そのため，自分の自由を奪われたと感じた実験参加者は，自分の態度を決める自由は自分自身にあることを確認するために，あえて説得メッセージに従わない方向への態度変化を生じさせたと考えられる。

　心理的リアクタンスは広告に対しても生じることがシュワルツたちの研究（Schwarz, Kumpf, & Bussmann, 1986）で示されている。この研究では女子大生55名に対して，新しく出版されたテキストの推薦文を読ませ，そのテキストを読みたい，または買いたいと思うかを質問した。推薦文は出版社が掲載した広

告の一部または単なるレビューとして呈示された。推薦文の内容はまったく同じだったが，説得意図を参加者に強く感じさせる条件では，最後に「この本は"必須の"ものである」「この本を買わずにいることは，とんでもない怠慢だ」などと書かれた一段落が追加された。その結果，広告として呈示された場合でも，レビューとして呈示された場合でも，説得意図を強く感じさせる条件はそうでない条件と比べて，テキストを読んだり買おうとしたりする意図が低下した。製品の優れた特徴をうまく伝える魅力的な広告だったとしても，最後に消費者の買う自由を脅かすような表現を入れてしまうと，購買意図は低下してしまうことをこの研究は示している。

　広告は消費者を自社製品に誘導したり，自社ブランドに良いイメージを抱かせたりしようとする説得意図をもって作られる。こうした説得意図がとくに強く感じられる場合や，消費者に気づかれないよう狡猾なやり口をとっていると感じられた場合には心理的リアクタンスが生じ，広告は効果をもたないどころか，かえって製品やブランドに対する態度を悪化させてしまう可能性がある。消費者に強く勧めたい製品であるほど広告には熱がこめられるかもしれないが，その熱気がかえって消費者を遠ざける可能性もあることには注意が必要である。

　本章の冒頭で指摘したように，日常生活を送る中でわたしたちはさまざまな広告に接する。そうした広告は心理学のメカニズムを踏まえて効果的に作られていることも多い。消費者はこのような働きかけに自分でも気が付かない内に多く触れており，そうした接触が製品選択や購買行動，製品評価に大きく影響を与えているのである。本章では広告の効果を説明する代表的な考え方や理論を紹介したが，この分野の研究は現在も精力的に研究が行われており，多様な形態の心理的効果が生じることが報告されている。広告の心理的効果について理解することは，広告の作り手にとって大きなヒントとなると同時に，広告の受け手となる消費者にとっても，自身の購買行動をふりかえり，賢い選択をしていくうえで有用だといえる。

注

1. ここでいう態度とは，特定の対象に対する「良い-悪い」「好き-嫌い」といった評価を含む行動の準備状態を意味する。ポジティブな態度を抱く対象（好きな対象）に対しては接近行動が生じ，ネガティブな態度を抱く対象（嫌いな対象）に対しては回避行動が生じる。多くの広告研究では，広告で製品にポジティブな態度を抱かせることができれば，製品への接近行動（すなわち購入）が生じると想定している。
2. ホブランドやその弟子たちが行った研究は，所属大学の名前をとってイェール学派の研究と呼ばれることもある。
3. 実際の手続きでは，説得メッセージは1トピックにつき賛成案と反対案の2パターンが作られ，それぞれについて，参加者が5日前に表明した意見と反対の立場で書かれた説得メッセージを読んだ場合が分析対象となっている。
4. 実験が行われた当時は，自由主義の欧米諸国と共産主義のソビエト連邦が対立していた。米国内でも共産主義政党を他の政党と同じように扱うべきか，政府の監視下に置くべきかで意見が分かれていた。なお，この研究もホブランドたちの信憑性の研究と同様に，意見の異なる2パターンの説得メッセージが作られている。

引用文献

Berger, I. E., & Mitchell, A. A. (1989). The effect of advertising on attitude accessibility, attitude confidence, and the attitude-behavior relationship. *Journal of Consumer Research, 16(3),* 269-279.

Hovland, C. I., & Weiss, W. (1951). The influence of source credibility on communication effectiveness. *Public Opinion Quarterly, 15(4),* 635-650.

Lafferty, B. A., & Goldsmith, R. E. (1999). Corporate credibility's role in consumers' attitudes and purchase intentions when a high versus a low credibility endorser is used in the ad. *Journal of Business Research, 44(2),* 109-116.

Petty, R. E., & Cacioppo, J. T. (1986). The elaboration likelihood model of persuasion. In L. Berkowitz (Ed.), *Advances in experimental social psychology, Vol. 19* (pp. 123-205). New York: Academic Press.

Petty, R. E., Cacioppo, J. T., & Schumann, D. (1983). Central and peripheral routes to advertising effectiveness: The moderating role of involvement. *Journal of Consumer Research, 10(2),* 135-146.

Schwarz, N., Kumpf, M., & Bussmann, W. (1986). Resistance to persuasion as a consequence of influence attempts in advertising and non-advertising communications. *Psychology, 23(2-3),* 72-76.

Worchel, S., & Brehm, J. W. (1970). Effect of threats to attitudinal freedom as a function of agreement with the communicator. *Journal of Personality and Social Psychology,*

14(1), 18-22.

Zajonc, R. B. (1968). Attitudinal effects of mere exposure. *Journal of Personality and Social Psychology, 9(2-2)*, 1-27.

(小森めぐみ)

4章　買わずにはいられない？
衝動買いと買い物依存

　ある女性の話。彼女は，家庭の問題を抱えており，思い悩んでいた。そんな時，たまたま立ち寄ったブランド店で素敵なコートが目に留まった。「よくお似合いですね」。店員のその一言に高揚し，何の迷いもなく即決で購入した。沈んだ気持ちが嘘のように晴れた。その快感が忘れられず，彼女は落ち込む度に買い物に出かけるようになった。店員にちやほやされるのも嬉しく，勧められるままに，バッグ，時計，アクセサリーと，衝動買いを繰り返した。しかし，そもそも本当に欲しくて買ったわけではないから，快感が長続きするはずもない。自宅に帰った途端，強烈な罪悪感や後悔に襲われ，やがてそれらを袋から出すことさえしなくなった。それでも，買い物がやめられない。それが，不安を取り去ってくれる唯一の方法だから。ついに彼女は借金をしてまで，買い物に出かけるようになった。

　ここまでくると，買い物という行為自体への完全な依存状態といえる。このように，本来は楽しいはずの買い物が，一歩間違えれば私たちを苦しめることにもなりかねない。衝動買いと買い物依存。その一線は一体どこにあるのだろうか。本章では，こうした購買行動をめぐる負の側面に接近し，その行為に潜む心理的背景について概説する。

1．衝動購買とは何か

　人々の購買行動のうち，どれくらいの割合が衝動買いによるものなのだろうか。この疑問に答えるには，かなり古いデータになるが，流通経済研究所の店

頭調査の結果が参考になる。1980年から1984年にかけて実施された一連の結果によると、スーパーマーケットでは、おおむね87.0～96.8%が計画外の購買であることが見出されている（青木, 1989）。こう聞くと「9割前後も衝動買い?」と驚く人もいるだろう。しかし、この数値の意味は衝動買いの捉え方によって異なってくる。では、衝動買いとはどのような行為をさすのだろうか。

■ **類似概念の整理**

一般的には、予定外の購買を総称して衝動買いと呼ばれるが、学術的には「衝動購買」(impulse buying)、または「非計画購買」(unplanned buying) と称されることが多い。しかも非計画購買は、どの程度まで計画していたかによって呼称が異なる。そこで、まず類似概念の整理をすることから始めよう[1]。

衝動購買をめぐる諸概念については、青木（1989）の分類が良く知られている。青木は、まず「来店前には予定になかった商品が、何らかのきっかけによって店舗内購買意思決定の対象となり、結果としてそれが購入される場合」を狭義の非計画購買として捉えた。そして、購買意思決定が店舗内で開始される際の条件・理由・きっかけなどにより、狭義の非計画購買を表4-1に記すような4つのタイプ（想起購買、関連購買、条件購買、衝動購買）に類型化している。さらに計画購買においても、購入予定のレベルが商品クラスレベルか銘柄（ブランド）レベルか、また、銘柄まで決めていた場合は実際に購入された銘柄が予定通りであったか否かという観点から、3つのタイプ（(狭義の)計画購買、銘柄選択、銘柄変更）に再分類している。表4-1の分類によると、私たちが日ごろ真の意味で衝動買い、または衝動購買と呼んでいるケースは、非計画購買の一部であり、全購買形態の15.3%に過ぎないことがわかる。本章では、この真に衝動的に購買するパターンを衝動購買として捉えることにする。

それでは、なぜ私たちは衝動買いをするのだろうか。衝動購買の誘発と関連する諸要因については、これまで多くの検討がなされているが、それらを大別すると、消費者の心理状態や個人特性などを中心とする個人的要因と、店頭でのマーケティング施策を中心とする状況的要因に分けることができる。次節では、まず個人的要因に着目し、代表的な研究に焦点を当てて概説する。

PART 1　日常生活と消費者心理

表4-1　購買行動の諸類型

購買類型		各購買内容	内訳	
(狭義の)計画購買		特定ブランドの購入を決めて来店し，予定通りのブランドを購入するパターン	11.0%	
銘柄(ブランド)選択		商品クラスレベルまで決めて来店し，店内でブランド選択を行うパターン	10.8%	店内刺激によって誘導される部分(12.9%)
銘柄(ブランド)変更		特定ブランドの購入を決めて来店したが，店内で別のブランドに変更するパターン	2.1%	
狭義の非計画購買	想起購買	店内にて必要性や過去の使用経験を思い出して購入するパターン	27.8%	店内刺激によって誘発される部分(76.1%)
	関連購買	購入した他の商品との関連でその必要性が認識され，商品を購入するパターン（焼肉とタレ，刺身とワサビなど）	6.4%	
	条件購買	たとえば「何割引きになったら買う」というような，日常決めている購入条件と照らし合わせて購入するパターン	26.8%	
	衝動購買	商品の新奇性や希少性などに起因する，真に衝動的に購入するパターン	15.3%	

注1：内訳の数値は（財）流通経済研究所が量販店において1983年3月に実施した調査結果による。
注2：「狭義の非計画購買」に銘柄選択と銘柄変更を加えて「広義の非計画購買」と呼ぶ。
青木（1989）72-73頁の内容を基に作成。

2．なぜ衝動を抑えられないのか

「ストレスが溜まって衝動買いをした」ということをよく耳にするように，古くからストレスと衝動買いの間には，強い関係があることが知られている。しかし，ストレスが溜まれば誰しも衝動購買を行うかというと，そういうわけではない。きちんと欲求を抑制できれば，衝動買いにいたることもないだろう。では，どのような時に衝動が抑えられなくなるのであろうか。

■自己制御資源モデル

そもそも衝動買いというと，非合理的で未熟な行為であり，衝動を抑えられなかった結果として否定的に捉えられることが多い。バウマイスター（Baumeister, 2002）も，衝動購買の重要な一因として自己統制（self-control）の失敗を指摘し，「自己制御資源モデル」（self-regulation resource model）の観点

から，衝動購買の心理的メカニズムについて説明を試みた1人である。

「自己制御」(self-regulation)とは，自己統制と互換的に用いられる概念であり，「目標を叶えるために，自分の行動を自分の意志で調整すること」だといえる。たとえばダイエットのために，目の前の大好きなケーキを，強い意志をもって我慢する状況などがあてはまる。自己制御資源モデルでは，まず，こうした欲求や衝動を抑制するような自己制御場面には，「制御資源」(regulation resources)と呼ばれる十分な心的エネルギーが必要であると考える。そして，自己制御を行った後は，かなりの制御資源（心的エネルギー）が消費されるが，心的エネルギーの量には限界があり，一度消費すると回復するまで時間がかかる。そのため，多くの制御資源を最初に使ってしまうと，次に何らかの自己制御が必要な状況になった時に，使用できる資源が枯渇し（不足し），制御が不十分になると考えられる。

ダイエットの例でいうと，ケーキを我慢した後，勉強や仕事に身が入らなかったという状況を思い浮かべるとよいだろう。これは，ケーキを我慢したことで，今使える制御資源を使い果たしたために，勉強に回す心的エネルギーが残らなかったと説明できる。バウマイスターと共同研究者たちは，数多くの実証研究を行い，こうした自己制御資源モデルの考え方を支持する結果を得ている。

たとえばその中の1つ，「クッキー実験」では，クッキーの美味しそうな香りのする部屋で，クッキーではなくラディッシュを食べたグループは，クッキーを食べたグループに比べて，次に与えられた問題解決課題を平均で10分以上も早く途中で止めてしまうことが見出された (Baumeister, Bratslavsky, Muraven, & Tice, 1998)。これは，我慢や感情の抑制が，後に続く「課題を解く」といった自己制御行動のためのエネルギーまでも消費した可能性を示唆しており，バウマイスターは，こうした制御資源の枯渇が衝動購買の誘発と強く関係することを主張している (Baumeister, 2002)。

■制御資源の枯渇と衝動購買

このバウマイスターの主張を受けて，ヴォースとフェイバー (Vohs & Faber, 2007) は，制御資源の枯渇と衝動購買との関連性を実証的に検討するために，

3つの実験を行った。その中の第2実験では，70名の学生が参加した。彼らは，まず衝動購買傾向尺度（BIS: Buying Impulsiveness Scale）に答えた後，最初の課題として「頭に浮かんだこと」を6分間自由に書き留めた。その際，制御資源を枯渇させるグループと，枯渇させないグループに分け，前者には，「シロクマについて考えないようにする」と指示を出し，思考内容に制限を設けた[2]。後者のグループにはそのような制限は一切設けなかった。その後，学内の購買店で売られる新商品に関する調査に参加するよう求められ，参加のお礼として10ドルが渡された。そのお金は，調査の途中で，それらの商品が欲しくなったら使ってもよいとされ，実験室内の模擬店舗に通された。そこにはガムやキャンディ，コーヒーカップなど，全部で22種類の商品が並べられていた。さて，学生たちはこれらの商品を購入したのだろうか。

　結果は，ヴォースらの予想どおり，思考の抑制によって制御資源が枯渇したグループは，そうでないグループに比べて多くのお金を使い，品数も多く購入することがわかった。しかもこの結果には，衝動購買傾向が関連しており，もともと衝動買いしやすい人（BIS得点の高い人）が，制御資源が枯渇するような状況に置かれた場合，最も支払い金額と購入個数が増えることが見出された。

　このように上記で紹介した研究は，制御資源の枯渇や自己統制の失敗といった観点から衝動購買の心理的メカニズムを説明しようとしたものである。しかし近年，「空腹」といった生理的状態が，衝動購買に影響する可能性を示唆した研究成果が報告され，人々の関心を集めた。

■空腹と衝動購買

　お腹がすくと人は食べ物を欲する。シュウら（Xu, Schwarz, & Wyer, 2015）はこうした空腹時の獲得欲求が，食べ物以外にも向けられるのか否かに関心をもち，4つの実験室実験と1つのフィールド研究を行った。その中の第3実験では，89名の学生たちが参加した。そして，カバーストーリー（名目上の目的）としてクリップの商品検査をするよう求められた後，いくつか持って帰ってよいといわれた。その結果，クリップに対する評価に関係なく，お腹がすいていると答えた人ほど，より多くのクリップを持ち帰ることが示された。

なお，この実験では，空腹の程度は自己申告であったが，空腹の感じ方には個人差があると考えられる。そこで，次の実験では空腹状態自体を統制した。63名の実験参加者たちは，カバーストーリーである「ケーキの試食調査」に参加するため，実験前の最低4時間は何も食べないよう指示された。そして，実験開始後すぐに試食調査をしてから別の課題を行うグループと，別の課題を終えてから最後に試食調査を行うグループとにわけられた。別の課題の中には，上記のクリップの商品検査が含まれており，ここでも持ち帰ったクリップの数が比較された。その結果，最後に試食調査を行ったグループの方が有意に空腹感が強く，やはりお腹のすいている人ほど，クリップに対する評価に関係なく，多くのクリップを持ち帰ることが認められた。最後に，シュウたちは，こうした空腹時にみられる獲得現象は，実際の購買場面でも生じるのかどうかを確かめるために，デパートでフィールド調査を行った。その結果，やはり実験室実験の結果同様，お腹のすき具合と支出額，購入点数との間には関連性が認められた。

もちろん，衝動購買と関連する個人的要因については，上記で取り上げた自己統制の失敗や空腹状態以外にも多くの知見が得られている。主なものとして，たとえば男性よりも女性の方が，また，新奇性や驚きといった快楽欲求の強い人の方が，そして，ネガティブ感情よりもポジティブ感情の時の方が，衝動購買を行いやすいことなどが挙げられる[3]。なお，感情状態と衝動購買については，上述したようにストレスとの関連性が唱えられることが多いが，実は気分の高揚といったポジティブ感情とも関係していることが実証されている（8章を参照のこと）。そのことを知ってか知らずしてか，多くの店舗では消費者の気分を高揚させるような，さまざまな販売促進活動が行われている。次節では，状況要因の一例として店舗環境に注目し，衝動購買を誘うマーケティング施策について取り上げる。

3．何が衝動買いを促すのか

衝動購買の生起に影響を及ぼす店舗環境としては，当該商品に対して注意を

促す要素，言い換えれば認知的反応を喚起する要素と，雰囲気などの情緒的反応に訴える要素の2つに大別できる。前者の例としては，陳列の位置や形態，ディスプレイの装飾，POP広告やアテンションシールといった販促ツール[4]，パッケージなどが，また，後者の例としては，店舗の色調，照明，店内に流れる音楽，香り，温度，混雑度，販売員の人柄や態度などの要素が考えられる。1節でみたように，消費者の買い物の大半が店内で決定されていることから，こうした店舗内の状況要因に注目することは，企業がマーケティング施策を考える上で非常に有益である。まずは，その中の1つである「音楽」に焦点を当てて，その効果を概説しよう。

■店舗内の音楽と衝動購買

店舗内の音楽（BGM）が購買行動の誘発に効果的であることを実証的に示した代表的研究に，ミリマン（Milliman, 1982）のフィールド実験がある。ミリマンは，アメリカの中規模のスーパーマーケットで，9週間に渡り，店舗内の音楽のテンポを変えることが，消費者の店内を移動するペースや総売上高に，いかなる影響を及ぼすのかを検討した。この実験手続きについては，1章で詳述されているため本章では省略するが，分析の結果，スローテンポのBGMを流した時の方が，アップテンポのBGMを流した時よりも，店内の移動ペースが遅くなり，日々の総売上高が伸びることが確かめられた。しかも，統計的な違いは認められなかったが，数値の上では，音楽をかけなかった時よりもスローテンポのBGMを流した時の方が，人はよりゆっくりと歩くことが示された。

さらにミリマン（Milliman, 1986）は，同様のフィールド実験を，9月半ばから8週間に渡ってレストランでも実施した。具体的には，毎週末の金曜日と土曜日に，一定の音量でアップテンポのBGM（1分間に92ビート以上），またはスローテンポのBGM（1分間に72ビート以下）を流し，それによって食事時間や支払額などにどのような違いがみられるのかについて検討した。その際，流す音楽は，ボーカルの性別や知名度の影響を受けないために器楽曲とし，曜日ごとに各テンポが4回ずつになるよう，ランダムに振り分けられた。また，音楽以外の条件，たとえば他の環境要因や従業員の役割なども，できるだけ一定に保たれた。16日間で合計1,392グループのデータが集められたが，さて，ど

のような影響が認められたであろうか。

分析の結果，やはりスローテンポ時の方が，アップテンポ時に比べて，来店客の食事時間が平均11分間ほど長くなることが認められた（56min>45min）。さらに，そうした食事時間が影響するためか，スローテンポ時においては，アルコール飲料の支払額が約9ドル増え，粗利益も約7ドル増加することなどが見出された（支払額：$30.47>$21.62，粗利益：$55.82>$48.62）。

これらの知見は，直接，衝動購買の生起率を測定したものではない。しかし，BGMのテンポといった店内刺激が滞在時間に影響を及ぼし，結果的に店内での購買意思決定を促すことを示唆している。つまり，店舗内の音楽は，間接的にではあるが衝動購買の誘発に効果があることを示したといえる。そこで，次は音楽だけに限らず，店舗内の刺激全体から受ける印象と衝動購買そのものとの関連性に注目した研究例を紹介しよう。

■店舗内の刺激と衝動購買

店舗内の刺激に関する先行研究では，音楽以外にも，オレンジ色や赤色などの暖色系の色を店舗内に用いることや，グレープフルーツやシトラス系の香りを放つことなどが，覚醒水準を高めるのに効果的であることが見出されている[5]。このことを受けて，マッティラとワーツ（Mattila & Wirtz, 2008）は，シンガポールにあるコスメショップから大型家具店に至るまで，様々なタイプの小売店においてフィールド研究を行い，こうした音楽や色調など，店舗全体から受ける刺激の強さが，衝動購買の誘発にいかなる影響を及ぼすのかについて検討を試みた。また，同時に，混雑の程度や店員の親しみやすさといった要因との関連についても着目した。具体的には，138名の消費者をランダムに選び，店舗内の刺激の強さ，混雑の程度，店員の親しみやすさについてどのように感じたか，また，予定以上にお金を使ったか，予定外の商品を購入したか，などについて質問した。その結果，店舗の種類に関係なく，店内の刺激が強いと感じている人は，そうでない人に比べて，衝動買いを行いやすいことが見出された。また，混雑度の知覚や店員の親しみやすさも衝動購買の生起と関連しており，たとえ店内が混雑していて不快に感じても，店員が親しみやすければ衝動買いが生じやすいことが示唆された。では，なぜ店舗環境の刺激が強いと衝動

購買を誘発しやすいのだろうか。

　この点に関して，マッティラとワーツは，先に紹介した制御資源モデルの観点から説明している。つまり，店内の刺激が強いと覚醒水準が高まり，そして，覚醒水準が高まると多くの制御資源を消費するため自己制御が困難になり，結果的に衝動が抑えられず購買にいたってしまうというのである。

■限定POPと衝動購買

　衝動購買を誘発するには，本節の冒頭でも触れたように，店頭でのPOP広告も効果的である。特に日本では，非計画購買の割合が高いことから，こうした売り場での販売促進活動は売り上げに大きく貢献することが期待される。中でも，商品の販売方法に限りがあること，すなわち限定販売であることを示すPOP広告や商品パッケージは，商品に対する関心や選択を高めることに特に効果的であることが知られている。誰しも，「本日限り」「先着50名様限定」「北海道限定」といった表示に魅かれて，不要不急の商品を買ってしまった経験は，少なからずあるのではないだろうか。

　布井・中嶋・吉川（2013）は，このように商品の販売方法を「限定」することが，商品の魅力評価や選択にいかなる影響を及ぼすのかについて検討を試みた。具体的には，3種類の限定ラベル刺激（期間限定・数量限定・地域限定）と，限定とは関連のない限定無関連ラベル刺激（おすすめ，一押し商品など）を作成し，菓子や飲料などの商品画像とともにモニター上で対呈示した。その結果，いずれの限定ラベルも，限定無関連ラベルに比べて商品の魅力を高め，特に期間限定ラベルにおいては，他の限定ラベルよりも影響力が大きく，魅力だけでなく選択率（買いたい商品として選択される割合）も高めることが見出された。

　なぜ人々がこうした限定商品を購入するのかについては，チャルディーニ（Cialdini, 2009）の「希少性の原理」の観点から説明できる。希少性の原理とは，人は珍しいものや手に入りにくいものに対して，より高い価値をおくといった心理傾向のことを指す。そして，この傾向が強いほど，すなわち"もし今，その商品を買い逃すと二度と買えないかもしれない"という入手困難性の認知が強いほど，限定商品に対して魅力を感じ，購入しやすいことが見出されている（鈴木，2008）。

また，希少性の持つ効果については，ウォーチェルら（Worchel, Lee, & Adewole, 1975）の実験によっても確かめられている。彼らは，実験参加者に2枚，または10枚のクッキーが入ったビンのいずれかを渡した後，そのうちの1枚を試食させクッキーに対する評価を求めた。その結果，全く同じクッキーであるにもかかわらず，2枚のうちの1枚を食べた参加者の方が，10枚のうちの1枚を食べた参加者よりも，クッキーに対する評価が高くなることが見出された。また，2枚のうちの1枚を食べるにしても，初めから2枚入りのビンを渡された場合よりも，最初は10枚入りのビンを渡され，途中で（他の参加者が食べてしまったために減ってしまったという理由で）2枚入りのビンに交換された場合の方が，クッキーに対する評価がより高くなることが示唆された。

　ウォーチェルらの研究は実験室実験であるものの，人々が実際の店舗内で入手可能性に制約のある限定商品に魅かれる現象をよく現わしているといえる。こうした希少なものに価値をおく心理については，リアクタンス理論の観点から説明できるが，この点については10章を参照していただきたい。

　以上，ここまでは日常的に経験される衝動購買について概説してきた。おそらく多くの人は，こうした衝動を上手にコントロールしながら日々の買い物を楽しんでいることだろう。しかし，衝動購買も度を超すと，精神的にも経済的にも破綻をきたし，自らを破滅に導くこともありうる。次節では，こうした購買行動をめぐる心の闇に接近する。

4．買い物依存症の心理

　世の中には，買い物せずにはいられない人がいる。日々追い立てられるようにして，半ば強迫的に買い物に行く。たまに買い物に行かない日があると，一日中，次は何を買おうかということばかり考えている。しかし，彼らの多くは，買い物という行為自体に関心があるため，家に帰ると，とたんに品物に対する興味は失せる。したがって，クローゼットには値札のついたままの服が大量につるされていたり，室内には袋から出してさえいない商品が積み上げられていたりすることもある。それでも買い物がやめられず，買い物の後は自己嫌悪に

陥り，罪悪感や羞恥心に激しくさいなまれるようになる。

■買い物依存症とは

　これは，俗にいう「買い物依存症」（compulsive buying）の典型的な行動パターンである[6]。ちなみに依存とは，ある特定の行為がやめるにやめられなくなった状態を指し，もともとは世界保健機関（WHO）が，薬物の危険性を示すために使い始めた言葉である。しかし，薬物以外にも人がのめりこむ対象は多岐にわたっており，一般的に物質依存，人間関係依存，プロセス依存の3つに分けられる。図4-1はこれらの関係性を示したものであるが，図中にあるように，買い物依存症はプロセス依存に属する。なお，買い物依存症には，「買い物中毒」（shopaholic）や「買い物嗜癖」（shopping addiction）など複数の類似概念があり，厳密にはそれらの定義は異なるが，ここではこれらを総称して買い物依存症と呼ぶことにする[7]。

　こうした買い物依存症の特徴を，ウェッソン（Wesson, 1990）は次のようにまとめている。①ある種の感情を避けたり，気分を良くしたりするために買い物することを常とする，②買い物をし始めた時はハイな気分であるが，終わる頃には憂うつな気持ちになる，③特に目的もないが買い物の頻度が高まる，④借金がかさむ，⑤買ってきたものを使わない。そして，単なる買い物好きと買い物依存症の境界線として頻度と罪悪感に注目し，不要不急の買い物時間や金

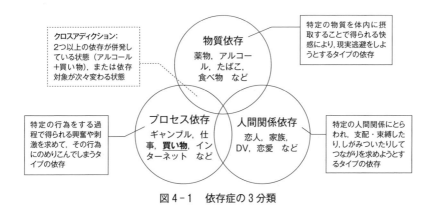

図4-1　依存症の3分類

額が増え，買い物後に罪悪感に襲われるようになると，それは危険な兆候の現れであると唱えている。

■**誰が，なぜ買い物依存症に陥るのか**
　では，誰がなぜこうした一線を越えて，買い物依存症に陥ってしまうのだろうか。ブラック（Black, 2007）は，買い物依存症に関する数多くの先行研究を整理し，アメリカでは，人口全体の約5.8%が生涯に一度はかかる病であり，その約80～90%は女性であることを見出している。女性に多く見られる理由としては，買い物が伝統的に女性の役割であり，多くの女性がそもそも買い物好きであることや，男性はアルコールやギャンブルといった他の依存症を発症しやすいことなどが指摘できる（Wesson, 1990）。また，買い物依存症に陥る人の特徴としては，もともと買い物自体への関心が高く，虚栄心が強く，その一方で不安や緊張も強く，自尊心が低いことなどが挙げられる。そして，そうした自信のなさや寂しさを埋め合わせるために買い物に依存してしまうといえる。
　このように買い物依存症と衝動購買は，その根底にある心理を考えると，似て非なるものといえる。両者の違いを表4-2にまとめておくが，共通していえるのは，購買自体が極めて身近な行為であるため，誰もが陥る可能性があるということである。「自分だけは大丈夫」，「男性は買い物依存にはならない」という誤解や思い込みは危険である。確かに，買い物依存症の発症率は女性の方が圧倒的に高い。しかし，今日，ネットショッピングの急速な拡大は，買い物依存症の様相を劇的に変えつつある（後藤，2016）。ネットショッピングの特徴の1つに，希少な商品や高額商品を，検索次第でより安く入手でき，あたかも競争に打ち勝つような快感が得られる点が挙げられる。こうした特徴は，女性のみならず，競争心の強い男性をも魅了し，買い物の世界に溺れさせることにもなりかねない。そして，買い物に依存した末路には，ローン地獄や自己破産が待ち受けているのである。

5．買い物と上手に付き合うには

　結局のところ，買い物は私たちにとって悪なのか。答えは，おそらく「ノ

表4-2 衝動買いと買い物依存症の相違点

	購買の状態	主な心理状況	購買目的	購買後の主な心理
衝動買い（衝動購買）	事前に購入意図が全くなく，突然，ある特定の対象に対して「欲しい」という強い衝動を体験し，その場で購入を決定する状態	ストレス，または気分の高揚。（主に店内の販売促進施策に起因する）強い獲得欲求	欲求の対象となった商品の獲得やサービスの利用	喜び，楽しさ，満足感，幸福感といった正の感情（失敗した時は後悔）
買い物依存症（強迫的購買）	常に「何を買うか」ということで頭がいっぱいで，買い物自体が日常生活の中心となり，買い物せずにはいられない状態	自信のなさ，不安，孤独感，寂しさといった負の感情（買い物の直前は高揚感）	特に明確な目的はない。買った商品よりも，買うという行為自体が目的	罪悪感，後悔，自己嫌悪といった負の感情

ー」だろう。上述したように，欲しいと思ったものを買う行為には少なからず快感が伴うし，買い物はストレスを発散させる方法としてもよく知られている。さらに言えば，リテール・セラピー（retail therapy）という言葉があるように，買い物には悲しみを和らげる効果があることも実証研究によって明らかにされている。

　リックら（Rick, Pereira, & Burson, 2014）は，オンライン調査の協力者100名に，涙を誘う話を読ませた後，それによって抱いた悲しみの程度を測定した。その後，買い物をするグループと，商品を眺めるだけのグループとに分けた。具体的には，前者のグループには12枚の商品画像を見せ，そこから実際に4つの商品を模擬購買させた。一方，後者のグループには同様の画像を見せるが，単に旅行に必要と思う商品を4点選ばせるだけであった。こうした操作が，直前に誘発された悲しみをどの程度取り除けるのか調べたところ，なんと模擬購買をしたグループは，平均で，商品を眺めるだけのグループの3分の1程度しか悲しみを残していないことが認められた。買い物は，散財や無駄遣いなど，ともすればマイナスの印象と結びつきやすい行為であるが，リックらの研究結果は，買い物で悲しみが緩和できるといった，購買行動がもたらすプラスの側

面を示唆するものといえる。

　しかし，4節でも触れたように，楽しいはずの買い物も，度を超すと経済面だけでなく，精神面や生活面に様々な支障をもたらすことになる。要は程度の問題であり，自分自身で支払える範囲や管理できる範囲内で，買い物自体を楽しんでいるうちは問題ないだろう。しかし，買い物がやめられず，購買後に罪悪感や自己嫌悪といった負の感情が生じ始めると，それはSOSのサインといえる。そうしたSOSのサインが点滅し始めたら，まず，誘惑の多い店舗やwebサイトには近づかないこと。そして，カードでの支払いを止め，購入する前に本当にその商品が必要か否か時間をおいて考えるよう心がけるとよいだろう。そうすることで，その購買が，浪費，消費，投資のいずれに当たるのかが自ずと明らかになり，多少なりとも衝動が抑制できるはずである。

注

1. 多くの研究において衝動買いと衝動購買は，互換が可能として捉えられていることから，本章でも両者を互換的に用いることにする。
2. アメリカでは「シロクマ実験」と呼ばれる類の認知研究が数多く存在する。シロクマが用いられる理由は，心理学的にみてシロクマは何の象徴でもなく，イメージが固定されていないからである。
3. こうした衝動購買研究の知見や潮流については，石井 (2009) のレビュー論文が参考になる。
4. POP広告とは，Point of Purchase Advertising（購買時点広告）の略であり，店内の陳列棚などに展示される販売促進のための広告のことである。また，アテンションシールとは，消費者の興味を引くことを目的として，陳列されている商品に直接貼付されたシールのことであり，高い販促効果が期待できる。
5. 覚醒水準とは，神経が興奮し，注意が喚起された状態を指す。
6. 買い物依存症は，強迫的購買や強迫性購買と呼ばれることもある。
7. 多くの研究者は，「買い物依存」と「買い物依存症」を異なる概念として捉えている。具体的には，快楽を得るために，時には買い物に頼る状態が買い物依存，その状態が重症化し，買い物せずにはいられなくなった状態が買い物依存症とみなされる場合が多い。なお，アメリカ精神医学会から発刊されたDSM-5 (American Psychiatric Association, 2013) では，「依存」(dependence) に代わって「嗜癖」(addiction) が採用されている。

引用文献

青木幸弘（1989）．店舗内購買行動分析に関する既存研究のレビュー　田島義弘・青木幸弘（編）店頭研究と購買行動分析——店舗内購買行動分析とその周辺（pp. 105-218）　誠文堂新光社

American Psychiatric Association (2013). *Diagnostic and statistical manual of mental disorders* (5th ed.). Washington, D. C.: American Psychiatric Association.（日本精神神経学会（監修）（2014）．DSM-5 精神疾患の診断・統計マニュアル　医学書院）

Baumeister, R. F. (2002). Yielding to temptation: Self-control failure, impulsive purchasing, and consumer behavior. *Journal of Consumer Research, 28*, 670-676.

Baumeister, R. F., Bratslavsky, E., Muraven, M., & Tice, D. M. (1998). Ego depletion: Is the active self a limited resource? *Journal of Personality and Social Psychology, 74*, 1252-1265.

Black, D. W. (2007). A review of compulsive buying disorder. *World Psychiatry, 6*, 14-18.

Cialdini, R. B. (2009). *Influence: Science and practice* (5th ed.). Boston: Allyn and Bacon, Inc.（チャルディーニ, R. B. 社会行動研究会（訳）（2014）．影響力の武器——なぜ，人は動かされるのか　第3版　誠信書房）

後藤　恵（2016）．買い物依存症（特集 今あらためて注目されている依存症について）　精神科, *29*, 440-444.

石井裕明（2009）．消費者視点の衝動購買研究　マーケティングジャーナル, *29*, 98-107.

Mattila, A. S., & Wirtz, J. (2008). The role of store environmental stimulation and social factors on impulse purchasing. *Journal of Services Marketing, 22*, 562-567.

Milliman, R. E. (1982). Using background music to affect the behavior of supermarket shoppers. *Journal of Marketing, 46*, 86-91.

Milliman, R. E. (1986). The influence of background music on the behavior of restaurant patrons. *Journal of Consumer Research, 13*, 286-289.

布井雅人・中嶋智史・吉川左紀子（2013）．限定ラベルが商品魅力・選択に及ぼす影響　認知心理学研究, *11*, 43-50.

Rick, S. I., Pereira, B., & Burson, K. A. (2014). The benefits of retail therapy: Making purchase decisions reduces residual sadness. *Journal of Consumer Psychology, 24*, 373-380.

鈴木　寛（2008）．限定商品に対する消費者購買行動の理論的・実証的研究：心理的リアクタンス理論と独自性理論を中心に　企業研究（中央大学企業研究所）, *14*, 201-223.

Vohs, K. D., & Faber, R. J. (2007). Spent resources: Self-regulatory resource availability affects impulse buying. *Journal of Consumer Research, 33*, 537-547.

Wesson, C. (1990). *Women who shop too much: Overcoming the urge to splurge.* New York: St. Martin's Press.（ウェッソン, C. 斎藤学（訳）（1992）．買い物しすぎる女たち　講談社）

Worchel, S., Lee, J., & Adewole, A. (1975). Effects of supply and demand on ratings of object value. *Journal of Personality and Social Psychology, 32*, 906-914.

Xu, A. J., Schwarz, N., & Wyer, R. S. (2015). Hunger promotes acquisition of nonfood objects. *Proceedings of the National Academy of Sciences of the United States of America, 112*, 2688-2692.

（池内裕美）

PART 2　商品選択と消費者心理

5章　最初に思い出すブランドは？
消費者の知識構造

　明日，学期末の試験があるので，あなたは集中して勉強しようと思いコンビニエンス・ストアでエナジー・ドリンクを購入することにした。エナジー・ドリンクには複数の商品があり，これまで飲み比べた結果から一番自分に合っている商品を購入しようと決めていた。店頭では新商品も販売されており，何を買うか少々迷ったが，友人がその新商品が美味しいとほめていたことを思い出し，新商品を購入した。

　このように，商品を購入する時，思い浮かべる商品群があり，その商品群と店頭の商品を見比べながら商品を購入することはよくあるが，その際，購買を決定する上で重要な役割を果たすのが，知っている商品や商品に対する評価である。これらは知識として人間の記憶に保存されており，商品の購入に大きな影響を与える。企業のブランド担当者にとっては，購入に大きな影響を与える消費者の知識を無視しては，ブランドを管理することはできない。この章では，ブランド管理を行う上で重要な知識（知識構造）について説明を行う。

1．想起と記憶

　インターネットで自分の好きな商品を購入しようと検索している時，自分が知っているブランド以外に多くの商品が世の中にあることを発見し，驚いたことがあるだろう。また，ブランドの中にはただ知っているだけのブランドもあれば，その特徴を詳細に思い出すことができるブランドもある。自分が知っているブランドの中には，知っているだけのブランド，特徴を理解しているブラ

ンド，購入する際に候補となるブランド，購入する際に真っ先に思い浮かべるブランドといったようにいくつかのレベルがある[1]。このことは，記憶に蓄積されているそれぞれのブランドに関する知識が異なることにより生じる。

購入の候補となるブランドになるには，購入する際に想起されるブランドの集合（この集合を想起集合と呼ぶ）に入る必要があり，想起集合に入るブランドになるためには，まず，知っているブランドの集合（この集合を知名集合と呼ぶ）に入る必要がある。ブランドが知名集合に入るためには，長期の記憶として保持される必要がある。テレビの広告を見た直後は広告のブランドのことは覚えているが，しばらくすると忘れてしまう。しかし，その広告に繰り返し接触すると，広告のコピーを見た際やその音楽を聴いた際に，広告に登場したブランドや広告全体を思い出すことができるようになる。この現象は人間の記憶のシステムが複数存在することに起因する。

記憶のシステムは2つの基準，記憶の保持期間の「長さ」と，想起に「外部からの刺激が必要か否か（自ら想起できるか）」で分類することができる。保持期間が短い記憶は「短期記憶」[2]と呼ばれ，保持期間が長い記憶は「長期記憶」と呼ばれる。目や耳などの感覚器を通して得られた情報は短期記憶に保持されるが，刺激を繰り返し受けるなどにより長期記憶として保存される。タルヴィング（Tulving, 1991）は，長期記憶には，自ら想起でき，主観的な記憶，個人的な経験（過去の体験）に関する記憶である「エピソード記憶」と，想起できない記憶である「意味記憶」，「知覚的プライミング」，「手続き記憶」があると指摘している。また，自ら想起できる記憶を「顕在記憶」と呼び，想起できない記憶を「潜在記憶」と呼ぶ[3]。エピソード記憶は顕在記憶であるが，意味記憶，知覚プライミング，手続き記憶は潜在記憶である。

なぜ，広告などの外部からの刺激でブランドを思い出すことができるのかと言えば，広告とそのブランドがともに知識として意味記憶に保存されているからである。意味記憶は，知識の獲得，保持，使用に関する記憶であり，ネットワーク構造を有している。広告という刺激によりネットワークに沿って記憶が活性化され，意味記憶に保持されているブランドおよびブランドに関連する事柄を思い出すのである。

他の2つの長期記憶の記憶システムは次の通りである。知覚的プライミング

は人間の記憶の無意識的形態であり、語や事実などの知覚対象の同定を促進するものである。広告などで、文字の一部を見ただけで、ブランド名全体を想起できるのは、この知覚的プライミングの働きである。なお、プライミングとは先行する刺激が後続の刺激の処理（理解）に影響する働きのことである。手続き記憶は言語的に記述できない運動などの動作に関する記憶である。たとえば、自転車に乗ることができるのは、練習を通じて自転車に乗るための動作が手続き記憶に保存されるからである。そのため、一度覚えてしまうと、その後は転倒せずに自転車に乗ることができるのである。

　ここで注意するべき点は、各記憶システムには言語で表現できるものと手続き記憶のように言語では表現できないものがあるということである。言語で表現できる記憶については調査票などを用いて質問し、質問に対する回答を得ることで記憶の内容を理解することができる。一方で、言語で表現できない記憶の内容の確認には、観察などの調査以外の方法を用いる必要がある。意味記憶に保存されている内容は言語で表現できるため、意味記憶に保存されたブランドに関する知識をブランド管理に用いるには、何らかの調査手法でブランド知識をデータとして収集し、収集したデータの分析結果を用いて管理すればよい。

2．知識と消費者行動・ブランド管理

　消費者が有する知識の理解はマーケティングには不可欠である。知識は消費者の行動や意思決定に影響を与える。これまでの研究でも知識の量の多寡やその内容により消費者の行動に差が生じることが報告されている。現在、消費者の行動は人を情報処理する機関と考え情報処理モデルによって捉えることが多い。図5-1はベットマン（Bettman, 1979）の情報処理モデルをあらわしたものである。この図にある通り、消費者は何らかの行動を行う上で、まず、記憶に蓄積されている内部情報を探索し（図5-1の「記憶探索」の部分）、記憶に蓄積されている知識が不十分な場合には外部情報を探索し、意思決定を行う[4]。たとえば、新商品のお茶をコンビニエンス・ストアで購入する際、190円という価格が設定されていた場合、190円という価格とこれまでの経験で得られたお茶の価格に関する知識に照らし合わせ、購買するか否かを決定する。もし、

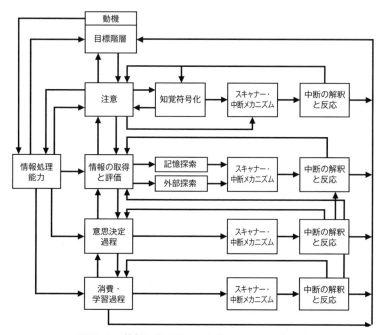

図 5-1　情報処理モデル　出所：Bettman（1979）

これまでの知識で判断できない場合は，店頭にある他の商品の価格を参考にして意思決定を行う。

　上で説明したように，知識が意思決定の結果に影響を与える重要な要素であるならば，知識が豊富な消費者と乏しい消費者では，その意思決定の方法や結果が異なるのは当然である。たとえば，パークら（Park & Lessig, 1981）は，商品に対する知識の量が意思決定にどのような影響を及ぼすのか明らかにした。彼らの研究では，実験参加者を知識のレベルで三段階に分け，知識レベルが最も低いグループが，商品を決定する時間が最もかかることを明らかにした。ラオら（Rao & Monroe, 1988）は，知識のレベルと判断に用いる情報の違いについて言及している。彼らの研究では商品に対し十分な知識を有する消費者は，商品知識の乏しい消費者と比較すると，価格の影響を受けにくく，反対に知識の乏しい消費者は，品質の判断に価格を用いる傾向が高いと報告している。

知識の量は経験の量でもある。ハイルマンら (Heilman, Bowman, & Wright, 2000) は実際の購買履歴データを用いた実証研究を行い，購買経験の増加による行動の変化を明らかにした。彼らは紙おむつの購買履歴を取り上げ，全く購入経験のなかった消費者の行動を分析している。紙おむつを購入し始めた時期（購入経験が乏しく知識が少ない状況）は，トップブランドを選択する傾向にあり，その後，購入するブランドの種類が増加する。しかし，次第に購入するブランド数が減少し，時間の経過とともに選択するブランドの種類数が少→多→少と変化することが明らかになった。

　これらの研究結果から言えることは，消費者の知識レベルが意思決定に影響を与えているのであれば，その知識レベルを確認し，そのレベルにあわせた対応をとることで，効率的にブランドを管理することができるということである。ただし，どのような知識で消費者のレベルを分けるべきかという点は考慮する必要がある。アルバとハチンソン (Alba & Hutchinson, 1987) の研究では，消費者の知識に「親しみ (Familiarity)」と「熟練 (Expertise)」という2つの重要な要素があり，製品に対する「親しみ」を増すことで，製品に対する識別能力が高くなると指摘している。

　ブランドを管理する上で消費者が有するブランド知識が重要な理由は，知識が行動に影響を与えるだけではなく，消費者が有するブランドに関する知識がブランド・エクイティの源泉であるという点である。ブランド・エクイティとはアーカー (Aaker, 1991) がその著書で提唱した概念であり，ブランドの名前やシンボルと結びついた資産および負債の集合のことである（邦訳，20ページ）。このブランド・エクイティという概念は，企業にとってブランドの価値を資産として管理する必要性と管理を怠ることにより負の価値が生じることを気づかせた。ケラー (Keller, 1993) は，そのブランド・エクイティの源泉が消費者の有するブランド知識であることを明らかにし，ブランド知識の構造を理解するにあたり，ブランド知識の構成要素を図5-2のような階層図に整理した。図5-2によるとブランド知識はブランド認知 (Brand Awareness) とブランド・イメージ (Brand Image) に分けられ，ブランド認知はブランドを識別する能力であり，ブランド・イメージはブランド連想を反映した知覚である。ブランド認知は，「再認 (recognition)」と「再生 (recall)」から構成され，ブランド

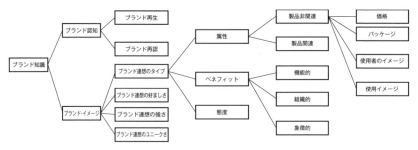

図5-2　ブランド知識の構造　出所：Keller（1993）

を呈示し，過去の接触や使用経験を尋ねるのが「再認」であり，カテゴリーを呈示し想起されるブランドを確認するのが，「再生」である。

　ブランド・イメージについては，ブランド連想が「タイプ」，「好ましさ」，「強さ」，「独自性」の4つの種類から構成されているとしている。このうち「タイプ」はさらに細分化され，「属性」，「便益」，「態度」に分かれる（図5-2参照）。収集されたブランド連想は「タイプ」，「好ましさ」，「強さ」，「独自性」について分類，評価することで，それぞれのブランドの特徴およびブランド力の源泉が理解できる。たとえば，ある2つのお茶のブランドを比較する際，連想の「タイプ」の構成比の差異や「好ましい」連想がどちらに多いかといったように比較することで，ブランドの特徴が理解できる。

3．知識構造のタイプ

　知識のレベルやその内容が消費者の意思決定および行動に影響を与えることが明らかになるにつれて，知識がどのような構造を有するのかという点についても関心が持たれた。そもそも，入力された外部情報は内部情報である知識を用いて，意味付けや解釈が行われるため，意味付けや解釈の結果である消費者の行動を理解するには，消費者が有する知識構造の理解が不可欠である。これまでの研究では，知識が何らかの構造を有していると仮定し研究が進められ，青木（2010）によると消費者が有する知識構造はカテゴリー知識構造，スキーマ，スクリプト，意味ネットワークの4つに分類される。

表 5-1 各知識の特徴

	知識の内容	活用
カテゴリー知識構造 (categorical structure)	判断・分類	判断基準，製品間の競争関係，市場構造の理解
スキーマ (schema)	外界の理解・認知	意思決定の理解
スクリプト (script)	行動（行動の予測）	行動のモデル化
意味ネットワーク (semantic network)	構造の理解	知識（含むイメージ）の構造の理解

　カテゴリー知識構造とは，個々の製品の異同について判断する際に用いられる知識構造である。消費者が店頭やインターネット上のショッピングモールにおいて商品を見て，どのような商品なのか理解し，購買することができるのは，購買の判断を行うための商品特性を知識構造の中に有しているからである。たとえば，健康志向の高い消費者が特定保健用食品のお茶を購買するのは，特定保健用食品の飲料が通常のお茶とは異なり健康に良いという判断を行うための知識を有しているからである。消費者が商品などの対象をある基準で分類し，グループ分けする行為をカテゴリー化というが，カテゴリー化は消費者の商品の識別を容易にする。新商品など初めて見た商品については，過去にカテゴリー化する際に活用した基準を用いて，その商品がどういった商品であるかを判断し，購買の意思決定を行う。先程の例では，特定保健用食品であるか否かが基準であり，この基準を用いることで消費者はお茶以外の食品においても判断することができる。

　カテゴリー知識構造では，それぞれの知識に明確な方向性（上位と下位のレベル）があり，階層構造を仮定することが多い[5]。抽象度が高いものほど上位に位置し，反対に具体的なもの（たとえば商品属性など）は下位に位置する。お茶の例では，容量や容器（ペットボトルか缶か）およびメーカー名などが下位になり，「健康に良い」といったものが上位になる。この知識構造では定義的な特性により，カテゴリーの異同に明確な基準が設けられ，それぞれの商品・ブランドが分類される。カテゴリー知識構造は，消費者からみた商品やブランドの位置づけを理解することができる有用なモデルであり，消費者視点で市場の構造を決定するのに役立つ（新倉，2005）。

同じ知識構造でもスキーマやスクリプトは知識の活用や行動の説明に主眼を置いたものである。一方，カテゴリー知識構造および意味ネットワークは消費者が有する知識の構造の説明に主眼をおいており，この点が大きく異なる。スキーマは消費者が外界を理解するための仕組みである（川崎，1995）。スキーマは記憶内に貯蔵された概念を表す枠組みであり，概念に結びついた知識を表し，後述する意味ネットワークより広い枠組みを示す。ステイマンら（Stayman, Alden, & Smith, 1992）らは，スキーマをネットワークの階層構造であると仮定している。

スクリプトは行動に関する一般的な知識であり，ある特定の状況における一連の記憶である（Schank & Abelson, 1977）。スクリプトとスキーマは類似しているが，行動に対する知識という点で異なり，スクリプトの有無が円滑な行動ができるか否かを決定する。たとえば，新しいスタイルの業態・店舗が出現すると，どのように買い物してよいか戸惑うことがある。このことは当該の店舗における買物のスクリプトがないためと考えられる。反対に既存のスクリプトが利用できるのであれば，そのような戸惑いはない。小売業では，コンビニエンス・ストアやドラッグストアといった新しい業態が誕生し，消費者に受け入れられてきたが，受け入れられた理由の1つに，スーパーで培われたセルフ業態の売り場における買物のスクリプトが転用されたと考えられる。スクリプトは，時間的な連続性，動作の順序性を有している点が他の3つの知識構造との違いである。スクリプトの構造として，ある行動に対し，複数の知識がその行動に直接つながる構造と時間の順序性を明示できるように直線状に並ぶ2つの構造が提案されている（Galambos & Rips, 1982）。

先に挙げたカテゴリー知識構造，スキーマ，スクリプトの3つの知識構造は，人間の意思決定（判断）や行動の説明をする際に知識をどのように活用するかに関心があり，それらを表現するのに適している。一方，意味ネットワークは，記憶の構造（どのような知識があり，それぞれの知識がどのような関係にあるか）に着目し，その構造上の特徴を把握する目的で表現される。知識は，先に述べた記憶システムでは意味記憶に保存されており，意味記憶の構造がネットワーク構造を有することはコリンズとロフタス（Collins & Loftus, 1975）により提唱された。彼らは，コリンズとキュリアン（Collins & Qullian, 1968）の階層構造

の記憶のモデルを発展させ，活性化拡散理論の中で意味記憶の構造がネットワーク構造であることを示した。彼らが提唱した活性化拡散理論では，意味記憶には次のような特徴がある。

- 意味的にも近い概念は近くに配置され，ノード（記憶の要素・概念）同士は線（リンク）[6]で結びつけられている
- ある概念が刺激されると周辺のノードも活性化[7]され，その活性はリンクに沿って拡散する
- 拡散した活性は次第に減衰する

上に挙げた3つの特徴を考えると，意味記憶のネットワークにおいて何らかの刺激が与えられれば，その刺激につながるネットワーク全体が活性化するが，活性は刺激から遠ざかるにつれて次第に減衰するため，活性化されたネットワークには範囲がある。よって，ある刺激に対応する知識構造は有限なネットワークである。そのため，消費者が有するブランド知識の構造を調べるには，活性化されたネットワーク全体（もしくは一部）を収集（再現）すればよい。

意味記憶の構造をネットワーク構造で表現するべき理由はコリンズとロフタスの理論以外にも2つある。1つはブランド知識がネットワークで表現することに適しているからである。知識構造に関する研究において，知識を空間上に表現する手法として表，階層，ネットワークがあるが（Lawson, 2002），知識相互の関係を表すのに，ブランドに関する知識のように上位と下位の概念がない場合は，ネットワークで表現する方が適している。また，あらかじめ定義されていないものの関係を表現し，知識間の関係を自由に表現する必要がある際にもネットワークによる描画が適していると言われている（Novic & Hurley, 2001）。

もう1つの理由が，知識をネットワークで表現することで意味的な理解と構造的な理解が同時に得られる点である。意味はネットワーク内の連想同士が結びつくことで生じる。たとえば，「ブランドA」-「特定保健用食品」-「品質が良い」-「高い」という繋がりがあれば，「高い」という連想が品質の良さを担保するものであり，肯定的な内容であることが理解できる。「特定保健

用食品」,「品質が良い」,「高い」,「体によさそう」という連想がブランドから個々に得られても何を意味するのか,特に,「高い」が何を意味するのか理解することは難しい。

構造上の特徴によるブランドの理解とは,ネットワークの特徴からブランドの特徴を明らかにすることである。ネットワークはノードである連想とリンクである線で構成される。同じ数の連想が想起されても,線の数(連想間のつながりの数)の多寡で差異を判断することができる。線の数が多ければネットワーク内の連想の結びつきが多く,多様な意味を有していることになる。また,他の連想と結びつきが多い連想は,他の連想への刺激を媒介する連想であり,この連想がなければ他の連想へと刺激が伝わらないため重要な連想である。

4. ブランド管理と連想ネットワーク

ブランド・エクイティの維持,向上を図るためには,適切なブランド管理が欠かせない。ブランド知識がブランド・エクイティの根本となるならば,ブランドを管理する際,消費者が有するブランド知識に基づいて管理するべきである。ブランドを管理するには,ブランドの現状が把握できるデータを収集し,収集したデータを分析した結果から過去の結果,他ブランドの結果,基準値などの比較を通して,問題が生じていないか確認を行う。

消費者が有するブランド知識を用いてブランドを管理する場合には,消費者調査を行い,知識(特にブランド連想)を収集し,ブランドの現状を理解する。その方法には大きく分けて2つがある。1つは連想のみに焦点をあてた方法であり,収集された連想の内容や消費者の評価から消費者が有するブランド知識を理解する(図5-2で示したKeller (1993) のブランド連想の4分類を用いて評価する方法も含まれる)。消費者の評価を用いた例では,呈示したブランド連想が当該のブランドにどの程度あてはまるか,順序尺度の選択肢(例:あてはまる,ややあてはまる,どちらでもない,ややあてはまらない,あてはまらない)を用いて,ブランドと連想の関係のデータを収集し,そのデータを因子分析や多次元尺度構成法などで分析を行い,二次元(もしくは三次元)上にブランドを布置することで分析対象のブランドと競合ブランドとの相対的な位置づけを

理解する。

　もう1つは，連想ネットワークを再現し，ネットワーク全体を理解する方法である。連想ネットワークを再現する方法には，定性調査で用いられる方法と連想ネットワークの収集に特化した方法がある。定性調査の手法の転用としてはラダリング法[8]やZMET[9]といった手法が考えられる。連想のネットワークの収集に特化した手法には，ジョンら（John, Loken, Kim, & Monga, 2006）のブランドコンセプトマップがある。彼らは，「メイヨークリニック」という医療機関のブランドに対し，図5-3にあるように病院の利用者・非利用者が有する連想ネットワークを再現し，セグメント間の比較を行っている[10]。先に，連想をネットワークで理解する利点に，ネットワークの構造上の特徴（「連想数（規模）と線の数（密度）」，「連想のつながりの多さ」）を用いてブランドを理解できると指摘したが，彼らが作成したネットワークをみると，利用者のセグメントのネットワークの方が，規模が大きく（ネットワーク内の連想数が多く），密度も高い（ネットワーク内の線の数が多い）という特徴が理解できる（図5-3参照）。加えて，ブランドと直接つながる一次連想の数が多いことも理解できる。

　つながりの多寡からネットワーク内の中心となる連想が理解できる。「治療に対する信頼」という連想は，非利用者のネットワーク（図5-3下）では1つの連想しか結びついていないが，利用者のネットワークでは4つの連想とつながっており（図5-3上），ネットワーク内の連想の中でも重要なことが理解できる。また，「最も良い治療を受けることが可能」，「重度な病気に対する専門的治療」という連想は，利用者のセグメントでは「メイヨークリニック」と直接つながっているが，非利用者のセグメントでは直接つながっていない。これら2つの連想は治療に関するものであり，利用者は病院で診察を受けているためこのような結果になったと考えられる。

　また，ブランドの連想ネットワークを考える上で，連想間の強さも理解すべきネットワークの構造の1つである。連想間の結びつきが強いことは，想起されやすいことであり，ブランドと最も強く結びついている連想が最初に想起される連想である。図5-3にあるように，ブランドコンセプトマップでは連想間の結びつきの強さを線の数で3段階に表現しており，どの連想とどの連想の

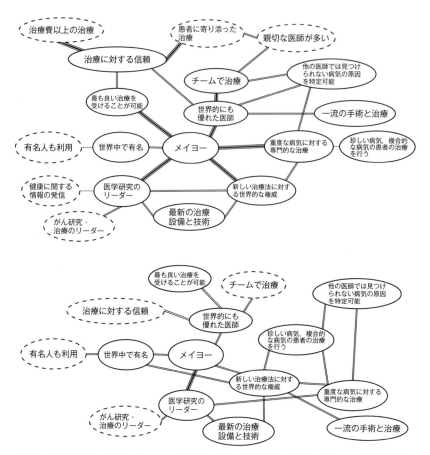

図5-3 連想ネットワーク 上：利用者，下：非利用者。実線の円はコアな連想（出現数が多い連想），破線の円は非コアな連想を示す。線の数に従って連想間の結びつきは強くなる

結びつきが強いかも理解できる。たとえば，「世界的にも優れた医師」という連想は，非利用者と比較すると利用者はメイヨークリニックと強く結びついている（利用者のマップでは3本の線，非利用者では2本の線でつながっている）。このことから経験者の病院に対する評価において，優れた医師が多数いるイメージが強いことが理解できる[11]。

本章では消費者の知識について，記憶および消費者の意思決定における位置

づけを明らかにし，ジョンら（John et al., 2006）の研究を例にとりながら収集された知識の活用上の利点について説明を行い，ブランド管理における消費者の知識の重要性を指摘した。

注

1. このレベルはブランド・カテゴライゼーションという概念モデルにおいて段階的に整理されている（Brisoux & Chéron, 1990）
2. 保持期間が短い記憶は，「ワーキング・メモリー」とも呼ばれることがある。ワーキング・メモリーは，単に記憶を貯蔵するだけではなく，情報の処理を行うという点が短期記憶と異なる点である。
3. 記憶システムの分類は研究者により異なり，本章で取りあげたものが絶対というわけではない。例えば，Squire（1984）は記憶が言語で表現できる（陳述記憶）か，否か（手続き記憶）で分類している。陳述記憶の下に意味記憶とエピソード記憶を分類し，手続き記憶の下に「プライミング」や「技能」を分類している。また，意味記憶とエピソード記憶を厳密に分離することができないとも指摘している。
4. 消費者の意思決定に着目したBlackwell, Miniard, & Engel（2006）のモデルでも同様に，記憶の中にある知識を探索し，次に外部環境の情報を探索し意思決定を行う。
5. 新倉（2005）は，消費者は定義的な特性に基づいて，製品やブランドを常に理解しているわけではなく，当該カテゴリーを代表する幾つかの製品やブランドで認識している場合があり，これを「典型性に基づくカテゴリー構造」と呼んでいる。
6. リンクの有無で概念（ノード）間の関係性の有無を表現する。
7. 記憶が思い出されることと同義である。
8. 製品やブランドについて「なぜあなたにとって重要なのか」という質問を通して，消費者が有する製品（ブランド）の属性と価値観の関係を明らかにする手法。
9. Zaltman & Coulter（1995）によって提案された手法。実験参加者が呈示されたテーマに対するビジュアル素材（写真やイラストなど）を持参し，インタビュアーがそのビジュアル素材をもとに質問し，実験参加者が有するイメージを階層構造にまとめる手法である。
10. この研究では利用者・非利用者以外に病院に対する親しみで2つのセグメントを作成し，当該のセグメント間の比較を行っている。
11. ブランドコンセプトマップでは個票のマップから全体のマップを作成するため，

連想ネットワークの規模と密度に関しては定量的なデータも得られ，それらをもとにセグメント間の比較を行うことも可能である。

引用文献

Aaker, D. A. (1991). *Managing brand equity*. Free Press.（アーカー, D. A. 陶山計介・尾崎久仁博・中田善啓・小林哲（訳）(1994). ブランド・エクイティ戦略　ダイヤモンド社）

Alba, J. W., & Hutchinson, J. W. (1987). Dimensions of consumer expertise. *Journal of Consumer Research, 13(4)*, 411-454.

青木幸弘 (2010). 消費者行動の知識　日本経済新聞出版社．

Bettman, J. M. (1979). *An information processing theory of consumer choice*. Addison-Wesley Publishing Company.

Blackwell, R. D., Miniard, P. W., & Engel, J. F. (2006). *Consumer behavior*. Thomson.

Brisoux, J. E., & Chéron, E. J. (1990). Brand categorization and product involvement. *Advances in Consumer Research, 17*, 101-109.

Collins, A. M., & Loftus, E. F. (1975). A Spreading-activation theory of semantic processing. *Psychological Review, 82(6)*, 407-428.

Collins, A. M., & Qullian, M. R. (1969). Retrieval time from semantic memory. *Journal of Verbal Learning and Verbal Behavior, 8(2)*, 240-247.

Galambos, J. A., & Rips, L. J. (1982). Memory for routines. *Journal of Verbal Learning and Verbal Behavior, 21(3)*, 260-281.

Heilman, C. M., Bowman, D., & Wright, G. P. (2000). The evolution of brand preferences and choice behaviors of consumers new to a market. *Journal of Marketing Research, 37(2)*, 139-155.

John, D. R., Loken, B., Kim, K., & Monga, A. B. (2006). Brand concept maps: A methodology for identifying brand association networks. *Journal of Marketing Research, 43*, 549-563.

川崎惠里子 (1995). 長期記憶Ⅱ　知識の構造　高野陽太郎（編）認知心理学2　記憶（pp. 117-143）東京大学出版会

Keller, K. L. (1993). Conceptualizing, measuring, and managing customer-based brand equity. *Journal of Marketing, 57(1)*, 1-22.

Keller, K. L. (1997). *Strategic brand management: Building, measuring, and managing brand equity*. Prentice Hall.（ケラー, K. L. 恩蔵直人・亀井昭宏（訳）(2000). 戦略的ブランド・マネジメント　東急エージェンシー）

Lawson, R. (2002). Consumer knowledge structures: Background issues and introduction. *Psychology & Marketing, 19(6)*, 447-455.

新倉貴士 (2005). 消費者の認知世界　千倉書房

Novic, L. R., & Hurley, S. M. (2001). To matrix, network, or hierarchy: That is question. *Cognitive Psychology, 42(2)*, 158-216.
Park, C. W., & Lessig, V. P. (1981). Familiarity and its impact on consumer decision biases and heuristics. *Journal of Consumer Research, 8(2)*, 223-231.
Rao, A. R., & Monroe, K. B. (1988). The moderating effect of prior knowledge on cue utilization in product evaluations. *Journal of Consumer Research, 15(2)*, 253-264.
Schank, R. C., & Abelson, R. B. (1977). *Scripts, plans, goals, and understanding*. Hillsdale.
Squire, L. R. (1984). *Memory and brain*. Oxford University Press.
Stayman, D. M., Alden, D. L., & Smith, K. H. (1992). Some effects of schematic processing on consumer expectations and disconfirmation judgments. *Journal of Consumer Research, 19(2)*, 240-255.
Tulving, E. (1991). 人間の記憶システム 科学, *61* (4), 263-270.
Zaltman, G., & Coulter, R. H. (1995). Seeing the voice of the customer: Metaphor-based advertising research. *Journal of Advertising Research, 35(4)*, 35-51.

(上田雅夫)

6章 そのブランドじゃないとダメ？
消費者のブランドロイヤルティ

　スターバックスと聞いて，あなたは何を思い浮かべるだろうか。コーヒーを提供しているカフェはたくさんあるにもかかわらず，スターバックスに魅力を感じる人は多い。では，なぜ人は，他の店ではなく「この店」を選ぶのか，考えたことはあるだろうか。実は，こういったブランドに人が魅力を感じる理由は，ブランドには消費者の心理的な側面に働きかける要素が満ちあふれているためである。それが人の心に働きかけることで，同じブランドを選び続けるのである。消費者をこういった気持ちにさせ，選び続けてもらえるスターバックスは，ロイヤルティが高い状態にあるという。言いかえれば，消費者のブランドに対するロイヤルティを高めることがブランドの指名買いにつながるため，ブランドのロイヤルティは，商品選択を理解する上で重要なテーマである。
　では，このロイヤルティは，「なぜ」「どのように」形成されるのだろうか。この章では，ロイヤルティの心理的な要素について詳しく説明していく。

1．ロイヤルティと心理的要因

　ロイヤルティとは，消費者が他のブランドよりも特定のブランドを好ましく思い，選択しつづけることをさす。ロイヤルティが高いブランドは，あまり値下げしなくても消費者に選んでもらえる。さらに，他者への良いクチコミにつながるため，結果的に売上や利益に貢献する。では，このロイヤルティは，どのように形成されていくのだろうか。その形成には，消費者の心理的な側面が大きく関係している。この節では，ロイヤルティが形成されるプロセスや心理

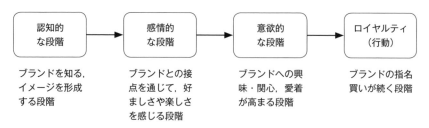

図6-1　ロイヤルティの形成プロセス　Oliver (1999) を基に作成。

的な要素について紹介していく。

とはいえ，ブランドに対するロイヤルティが，すぐに形成されるわけではない。まず，ブランドを知るという「認知的な段階」があり，消費者の心の中に徐々にブランドのイメージが形成されていく。そして，実際にブランドを見たり，触れたりすることで，ブランドに対する好ましさや楽しさという感情が湧いてくる「感情的な段階」に至る。その結果，ブランドに対する関心や興味が高まり，愛着を持つ「意欲的な段階」を経て，指名買いが続く「ロイヤルティ（行動）」に至ると考えられている（Oliver (1999) を参照）。このように，認知的な段階から順に，ブランドに対して関係性が強まっていくことでロイヤルティが形成されていく（図6-1）。この4つのプロセスを1つずつ確認していこう。

認知的な段階とは，ブランドについて以前から知っている情報や知識，連想されるイメージなどを基にしながら，そのブランドを評価している段階である。消費者にとって，ブランドの持つ特徴や価格などが，他のブランドよりも魅力的であれば選ぶという状態である。後述するブランド・パーソナリティも，この認知的な段階に関連する概念である。

感情的な段階とは，実際にブランドに触れたり，経験したりする機会が増えていくことで，ブランドに対する好ましさや使うことに対する楽しさといった快感情が形成され，「好きだから買いたい」という段階である。ブランドに対する感情や好意の程度で示され，認知的な段階よりも，スイッチ（他のブランドに切り替えること）しにくい状態にある。

意欲的な段階とは，ブランドに対する感情や好意に加え，そのブランドに対

して関心が高まっている状態である。ブランドとの接点が増えることで，そのブランドに対して愛着を感じたり，ブランドと自分の価値観が似ていると感じたりするようになり，特定のブランドを買うと決めた上で選択している段階である。ただし，買うと決めていたとしても，品切れなどの要因で実行されない場合もあるため，次のロイヤルティ（行動）が重要となる。

　ロイヤルティ（行動）とは，買う気を妨げる要素があっても，それを乗り越えて買い続けたり，他人に対して推奨したりすることで，ブランドの支援行動を伴う段階である。この段階まで進めば，強いロイヤルティが形成されており，そのブランドを買い続けることになる。

　このように，ブランドの持つ意味やイメージを知る「認知」の段階から，実際にブランドに触れ，経験することで「感情」が芽生えてくる。その感情によってブランドと積極的に関わろうとする「意欲」や「関心」が強くなり，関係性が強まっていく。その結果，ある特定のブランドを選び続ける「ロイヤルティ」が形成されていく。つまり，ロイヤルティが高い状態とは，他のブランドにスイッチせず，消費者が自らの意思を持って積極的に特定のブランドを選び続けることであり，いつもの習慣でつい買ってしまう「惰性（だせい）」や，他のブランドに変えるのが面倒だから選ぶ「見かけ上のロイヤルティ」とは異なる。これまでのブランド研究では，この4つの段階ごとに様々な研究が進んできた。本章では，その中でも特に代表的な研究について紹介していくことにする。

　まず，認知的な段階では，ブランドの持つ意味やイメージから連想されるブランドの性格や特徴といったブランド・パーソナリティについて紹介する。感情的な段階では，ブランドを実際に体験することで五感を通じて心の中に形成されるブランド・エクスペリエンスについて紹介する。意欲的な段階では，使用や経験を重ねることで特定のブランドを購買することに対して関心が高まる「関与」概念，自分の価値観に合うブランドほど，関係性が高まるブランド・リレーションシップについて紹介する。

2．ブランド・パーソナリティ

　スターバックスに対して，「おしゃれ」「フレンドリー」「かっこいい」とい

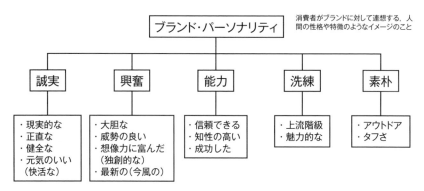

図6-2 ブランド・パーソナリティ5つの性格・特徴 Aaker (1997) を基に作成。

ったイメージを思い浮かべる人が多いのではないだろうか。他にも，コカ・コーラなら，「かっこいい」「クール」，アップルは「最新」「革新的な」といったイメージを連想する人も多いだろう。このように，消費者がブランドに対して連想する，人間の性格や特徴のようなイメージのことをブランド・パーソナリティという。

このブランド・パーソナリティは，消費者がブランドに対して抱いている連想に過ぎず，ブランドそのものが性格や特徴を持っているわけではない。そのため，ブランドに直接，接する場合だけでなく，接していない場合でも消費者の心にイメージが醸成されていく。ブランドに直接，接する場合は，その従業員やスタッフとの接点や，社長が発言している様子，あるいは，実際にそのブランドを利用しているユーザーの様子などを通じてイメージが醸成される。一方で，ブランドと直接，接していない場合でも，ブランド名やロゴ，シンボル，広告の雰囲気，価格，販売チャネルなど様々な要素を通じてイメージが醸成される。なお，ブランド・パーソナリティには，性格だけでなく，性別や年代，階級（クラス）といったデモグラフィック要素を感じることもある。たとえば，ペプシはコカ・コーラよりも若い，ベンツはトヨタよりもハイクラスである，といったイメージである。

こういったブランド・パーソナリティとして連想されるイメージは，「誠実」「興奮」「能力」「洗練」「素朴」といった5つの性格・特徴でまとめることがで

きる（図6-2；Aaker, 1997）。この5つのパーソナリティは，多くの有名なブランドを対象に消費者に質問調査を行って得られた結果であり，5つの性格・特徴には，さらに細かな42の要素が含まれている。ブランド・パーソナリティを測定する場合は，この42の要素を用いて測定することになる[1]（具体的にはAaker（1997）を参照）。

ブランド・パーソナリティによって，他のブランドとの違いを認識しやすくなり，消費者自身とブランド・パーソナリティが似ていると感じるほど，そのブランドのことが好きになっていく（Kim, Han, & Park, 2001）。

3．ブランド・エクスペリエンス

ブランドについて知ったり，何らかの情報を得たりすることで，ブランド・パーソナリティは連想されるが，そのブランドに実際に接する機会があるほど理解が深まる。ブランドの経験や接点（触れる，感じる，理解を深める，身体を使う）を通じて，消費者はブランドとつながっていく。これを「ブランド・エクスペリエンス」という（Schmitt, 1999, 2003）。

一度，心の中でスターバックスの店内の様子を思い出してほしい。ひきたてのコーヒーの香りが満ちており，落ち着いたソファや椅子と間接照明によってホッとする空間，丁寧に対応してくれるスタッフのサービスによって，心地よい時間を過ごすことができる。このスターバックスで，美味しい流行のフラペチーノを飲みながら友人と会話したり，一人で読書を楽しんだりするのもいいだろう。それは，まるで自宅にいるような雰囲気とくつろぎの提供である。こういった快適な時間を過ごすことができるスターバックスが提供するものは，単にコーヒーが飲める場所ではない。自宅に帰れば，家族がいて，学校や職場では友人がいる。どちらも自分にとっては価値のある場所ではあるが，もっと自分らしさを取り戻せる場所，ゆったりとくつろげる場所（いわゆる「第3の場所」：サードプレイス）の提供こそ，スターバックスが提供したい体験価値である。

このように，ブランドの持つロゴや色，雰囲気など，単にブランド（モノ）の価値だけではなく，ブランドを通じた様々な経験（コト）がブランド・ロイ

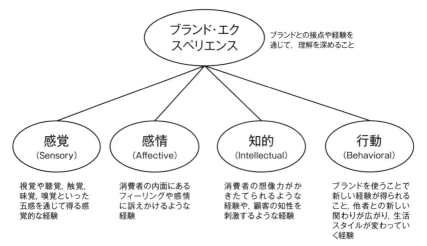

図6-3 ブランド・エクスペリエンス要素 Brakus et al.（2009）を基に作成。

ヤルティにも影響する。これまで，ブランド・エクスペリエンスについては，理論的な研究も行われて来たが，心理的な尺度においては，「感覚」（Sensory），「感情」（Affective），「知的」（Intellectual），「行動」（Behavioral）の4つがブランド・エクスペリエンス要素として提唱されてきた（図6-3；尺度の詳細はBrakus, Schmitt, & Zarantonello（2009）を参照）。

　感覚とは，視覚や聴覚，触覚，味覚，嗅覚といった五感を通じて得る感覚的な経験であり，ブランドのロゴや色，店舗の雰囲気やデザインなどの全体的な要素が，五感を刺激することで，ブランドに対する印象が強まる。感情とは，消費者の内面にあるフィーリングや感情に訴えかけられる経験である。ブランドを通じて感じる気分，使い込むことで感じる嬉しさや楽しさなど，強い感情を含めた経験である。知的とは，消費者の創造力が，かき立てられ，消費者の知性を刺激するような経験である。たとえば，興味をそそるブランドのキャンペーンに触れることで，ブランドの理解が深まったり，良いイメージや連想が広がったりする。また，ブランドを知ることで，自分に合った使い方や，使いやすさを考えるきっかけになる。行動とは，ブランドを使うことで，これまでにはない新しい経験が得られたり，他の利用者との新しい関わりが広がること

で，自らの生活がより豊かになったり，ライフスタイルが変化するといった経験である。

このように，ブランド・エクスペリエンスとは，ブランドとの様々な接点や経験を通じて，消費者がブランドとの情緒的な絆を形成していくことである。

4．関与とブランド・リレーションシップ

先ほどのブランド・パーソナリティは，購買経験や利用経験がなくても，消費者がイメージできる特性である。また，実際にブランドを経験しても，本当にそのブランドが好きになるかどうかまではわからない。そこで重要になってくるのが，関与やブランド・リレーションシップという，ブランドとの関係性の視点である。

■関与

関与については，新倉（2012）に基づき概説する。消費者に「のどが渇いた」という欲求が生じた時，その「のどの渇きをうるおす」という目的を達成しようと感じることを動機づけられた状態にあるという。そして，消費者行動では，こうした動機づけにおいて活性化される心理状態を関与と表現する。つまり，関与とは，ある対象が個人の意識空間に占める重要度，個人と対象との結びつきの程度であり，換言すると，特定の状況や特定のブランドに対する思い入れやこだわりのことである。

関与は，強さ，対象，持続性，元になる動機のタイプ，などによって異なる。

関与の強さは，高水準から低水準という表現で使用されることが多い。関与の水準が高ければ，関与は強く喚起されており，逆に，関与の水準が低ければ，関与は弱く喚起されていることになる。

関与の対象には，製品，ブランド，広告など様々なものがある。たとえば，製品関与とは，自動車，衣類，バッグなどの特定の製品カテゴリーに対する関与である。「自動車のことを悪く言われると腹が立つ」「ファッションを褒められると嬉しくなる」といった状態のことである。ブランド関与とは，ルイ・ヴィトン，プリウス，プラダといった，ある特定のブランドに対する関与である。

後述するブランド・リレーションシップは、このブランド関与と関連性が深い概念である。広告関与とは、特定の広告に対する関与である。その広告が消費者にとって適切なものであると判断された場合、広告メッセージへの関与が高まっていく。他にも、反応関与というものがあり、これは消費者がある特定の行動や行為に対して関与が高い場合である。たとえば、洗濯機や電子レンジなど、普段あまり関心がなくても、引越しなどで購入しなければならない時に、購買するという行為に対して関与が高くなるような場合である。

関与の持続性とは、関与が永く続くのか、ある一時だけで終わるものなのかの違いである。永く続く場合は、永続的関与となり、ある一時だけ関与が高まる場合は、状況関与となる。上記の製品関与などは、消費者個人の持つ価値観や目的と強く結びついているため、永く続くものである。一方で、反応関与などのように特定の状況が解消された時や、課題が達成された時に関与水準が低下する場合は、一時的な関与である。

関与の元になる動機のタイプには、認知的動機と感情的動機がある。認知的動機は認知的関与の元になる動機であり、消費者自らにとってのメリットが最大になるようなブランドを入手しようとする状態のことである。たとえば、パソコンを購入する際、スペックや性能を比較して、最も納得のいく買い物をしようとする場合、認知的関与が強まっている状態といえる。一方の感情的動機は感情的関与の元になる動機であり、ブランドの消費や使用のプロセスの中で、ブランドに対する感情的な関連性が強まる状態である。たとえば、自分の価値観に合うブランドに対して、関心や魅力が高まる場合、感情的関与が強まっている状態といえる。

この関与を測定する尺度として代表的なものは、小嶋・杉本・永野（1985）の製品関与尺度である。製品関与の中に、感情的関与、認知的関与、ブランド・コミットメントの3つの下位概念を設けており、それぞれ7段階尺度で測定する（表6－1）。ブランド・コミットメントとは、「製品クラス内の特定ブランドへの関与」を示すものである。

なお、同じブランドを見ていても、関与の状態によって、理解の深さや情報探索に対する時間や労力のかけ方、ブランドに対する理解の深さやブランドの選び方が異なる。そのため、ロイヤルティの形成には、関与の状態に応じてブ

表6-1　製品関与尺度　（全項目）

概念	測定項目
感情的関与	①私にとって関心のある製品である ②使用するのが楽しい製品である ③私の生活に役立つ製品である ④愛着のわく製品である ⑤魅力を感じる製品である ⑥商品情報を集めたい製品である ⑦お金があれば買いたい製品である
認知的関与	①いろいろなメーカー名やブランド名を知っている製品である ②いろいろなメーカーの品質や機能の違いがわかる製品である ③いろいろなメーカーの広告に接したことがある製品である ④友人が購入する時に，アドバイスできる知識のある製品である ⑤いろいろなメーカーの製品を比較したことがある ⑥この製品に関して豊富な知識を持っている
ブランド・コミットメント	①この製品の中でお気に入りのブランドがある ②この製品を次に買うとすれば，購入したい特定のブランドがある ③買いに行った店に決めているブランドがなければ他の店に行ってでも同じものを手に入れたい製品である

出所：小嶋他（1985）

ランドに対する興味や関心を高めることが重要になる（新倉，2012）。

■ブランド・リレーションシップ

　ブランド・リレーションシップとは，消費者が特定のブランドとの間に抱く心理的な絆や結びつきである。ブランドを買い続けたり，長く使い続けたりすることで，ブランドに対するリレーションシップ（関係性）が形成される。

　スターバックスを頻繁に利用している消費者に「あなたにとってスターバックスとは？」とたずねたところ[2]，

「仲良しのパートナーさん（スタッフの呼称）の笑顔や空間に癒されている」
「落ち込んでいたら，リセットできる時間」
「私にとって癒しであり，ホームでありなくてはならないもの」
「日々の生活から離れられる，癒しのお家という感覚」

などの回答であったとしよう。これだけで断定することはできないが、スターバックスを常に利用している消費者にとって、スターバックスは生活の一部、あるいは、自分らしさを取り戻すための貴重な場所なのである。

　人間関係にも、恋人関係、友人関係、家族的な関係、ビジネス関係など、様々な類型があるように、ブランド・リレーションシップの考え方には、いくつかのとらえ方がある。一例として、詳細な消費者インタビュー[3]に基づいて、消費者とブランドとの関係を類型化し、ブランドと消費者がまるでパートナーのような関係にあると捉えた研究が挙げられる（Fournier, 1998；菅野, 2011）[4]。この視点をふまえ、最近、主流になっているものとして、久保田（2010）の同一化アプローチがある。これは、消費者が自分らしさと似たブランドに一体感を感じるという視点である。たとえば、「おしゃれで素敵な女性」であることを意識した消費者は、「おしゃれで素敵な空間」を持つスターバックスを利用したいと思うであろう。このように、消費者は自分の性格や考え方、価値観に合ったブランドを選びたいと考えるのである。

　特に消費者は、自己に対して肯定的な評価を維持する傾向にあるため、自分と似たブランドを自分の生活に取り込んだり、利用したりすることで、自分らしさを表現する。その結果、そのブランドを選び続けたり、他人にオススメしたりするようになる。また、自分自身の一部のように感じるようになり、ブランドを支援するような行動を取ろうとする。

　つまり、消費者がブランドに対してリレーションシップを感じるためには、ブランドが自己と関連づけられた存在になることが必要である。とりわけ、ブランドとの一体感を感じたり、ブランドに対する愛着や喜びといった情緒的要素や、ブランドを使っているという誇りが強まったりすることで、ロイヤルティが形成されていく（図6-4）。

　ブランド・リレーションシップを測定する尺度項目も開発されており、「とてもそう思う」と「まったくそう思わない」を両端に示した5段階尺度によって測定されるものである（表6-2）。この尺度は、多様なカテゴリーに適用が可能であることが久保田（2010）で実証されているため、非常に活用しやすい。

　最後に、関与とリレーションシップ、ロイヤルティの関係について整理しておく。関与とは、消費者がある特定のブランドや状況に対して抱く関心やこだ

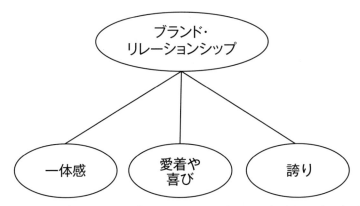

図6-4 同一化アプローチによるブランド・リレーションシップ 久保田（2010）を基に作成。

表6-2 ブランド・リレーションシップ尺度項目（全項目）

概念	測定項目
一体感	私にとってこのブランドは，自分の一部のようなものだ もし人に例えるなら，私にとってこのブランドは，単なる知り合いというより，家族・親友・恋人のような存在だ このブランドとの間に強い結びつきを感じる
愛着や喜び（情緒）	このブランドのことを考えると，ちょっと幸せな気持ちになる このブランドのことを考えると，何となくうれしくなる このブランドのことを考えると，何となく楽しい気持ちになる
誇り	このブランドがお気に入りだということを，誰かに自慢したくなることがある このブランドをお気に入りだということを，誇らしく感じる 私がこのブランドをお気に入りだということを，他の人が気づいてくれると，何となくうれしくなる

久保田（2010）を基に作成。

わりの強さである。この関与が高まることで，ブランドが消費者の心の中で特別な意味を持ち，大切な存在になることが，ブランド・リレーションシップである。そして，その結果，実際に商品を選び続ける行動が現れた状態がロイヤルティである。これを表したのが図6-5である。このように，それぞれの概念は，消費者とブランドとの関わりの捉え方が異なるのである。

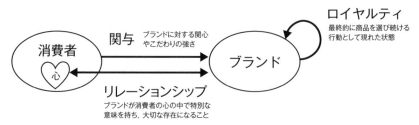

図6-5　関与，リレーションシップ，ロイヤルティ概念の整理

5．ロイヤルティの心理的側面を理解することの大切さ

　ブランドを選び続けるロイヤルティの背景には，様々な心理的な要素が関係する。しかし，ロイヤルティの形成までには，いくつかの段階がある。まず，ブランドを知ることで，特徴やイメージなどの連想を豊かにしながら，実際の接点や経験を通じて理解を深めていく必要がある。こういった接点を通じて，消費者はブランドに対する感情的なつながりを強めていくことで，関心を高めたり，自らの価値観に合うブランドとの関係を構築したりしていく。その結果，ブランドを選び続けるロイヤルティを形成するのである。

　そのため，マーケティングの視点においては，消費者の心理的な側面を通じて，理解を深めることが非常に重要になるのである。

注
1．測定は「1．まったくそのイメージはない」から「5．とてもそのイメージがある」までの5段階尺度で測定している。
2．この例は，2018年1月に筆者のゼミの学生が，ブランド・リレーションシップ研究活動の一環で行ったインタビューを元に構成した。なお，直接対象者に問いかけるインタビューであったため，肯定的な意見に偏っている可能性はある。
3．消費者とブランドが相互に影響を与え合いながら，そこにどのような意味を持っているのかという点を明らかにするために，インタビュー調査がなされた。具体的には，消費者のこれまでの人生とそれに関わったブランドとの関係について

インタビューを行う「ライフヒストリー・ケース・スタディ」という手法で調査が行われた。
4．この消費者とブランドとの間に築く関係性に，15の類型（お見合い結婚，カジュアルな友人，都合のいい結婚，忠実なパートナーシップ，親友，限定された友情，親類，回避された関係，幼年時代の仲間，求婚関係，依存関係，気ままな関係，対立関係，秘密の関係，奴隷関係）を導き出している。

引用文献

Aaker, J. L. (1997). Dimensions of brand personality. *Journal of Marketing Research, 34* (3), 347-356.
Brakus, J. J., Schmitt, B. H., & Zarantonello, L. (2009). Brand experience: What is it? How is it measured? Does it affect loyalty? *Journal of Marketing, 73*, 52-68.
Fournier, S. (1998). Consumers and their brands: Developing relationship theory in consumer research. *Journal of Consumer Research, 24* (4), 343-353.
菅野佐織 (2011)．ブランド・リレーションシップ概念の整理と課題　駒大経営研究, *42* (3・4), 87-113.
Kim, C. K., Han, D., & Park, S. B. (2001). The effect of brand personality and brand identification on brand loyalty: Applying the theory of social identification. *Japanese Psychological Research, 43* (4), 195-206.
小嶋外弘・杉本徹雄・永野光朗 (1985)．製品関与と広告コミュニケーション効果　広告科学, *11*, 34-44.
久保田進彦 (2010)．同一化アプローチによるブランド・リレーションシップの測定　消費者行動研究, *16* (2), 1-26.
新倉貴士 (2012)．情報処理の動機づけ　青木幸弘・新倉貴士・佐々木壮太郎・松下光司　消費者行動論──マーケティングとブランド構築への応用 (pp. 163-184)　有斐閣
Oliver, R. L. (1999). Whence consumer loyalty? *Journal of Marketing, 63* (special issue), 33-44.
Schmitt, B. H. (1999). *Experiential marketing: How to get customers to sense, feel, think, act, relate to Your Company and Brands.* NY: Free Press. (シュミット, B. H. 嶋村和恵・広瀬盛一 (訳) (2000)．経験価値マーケティング──消費者が「何か」を感じるプラスαの魅力　ダイヤモンド社).
Schmitt, B. H. (2003). *Customer experience management: A revolutionary approach to connecting with your customers.* John Wiley & Sons, Inc. (シュミット, B. H. 嶋村和恵 (訳) (2004)．経験価値マネジメント　ダイヤモンド社)

（髙橋広行）

7章 どっちが「買い」？
消費者の意思決定

　ドレーガーズ・マーケット。サンフランシスコのベイエリアで事業を展開する高級グルメスーパーである。はじまりはドイツ系移民のギュスターブ・ドレーガーが開いた1軒のデリカテッセンであったが，その後，事業を拡大し，今では富裕層の居住地域に複数の大型店舗を構えるに至っている。しかも，特筆すべきはその品揃えで，カリフォルニア産の青果は500種類以上。チーズは250種類。ワインも2,500種類。料理の本に至っては3,000タイトルを数えるという。まさに圧倒的な品揃えである。ドレーガーズを訪れる富裕層たちは，存分に商品選びを楽しみ，買ったものに心から満足している。そう想像した人もいるかもしれない。しかし，はたして，本当にそうだろうか。

1．選択肢が多すぎる？

　選択肢は多ければ多いほどよい。そうした考えは当たり前のこととして，現代の消費社会に広がっている。また，実際に，そうした考えは多くの心理学研究によって支持されており，選択肢が多い方が動機付けや課題の達成度が高まるなど，ポジティブな結果となることも明らかになっている。
　ただし，そうした研究で想定されていたのは，選択肢の数が2～6と比較的少ない場合であった。では，もしも，選択肢の数が著しく多かったとしたら，それでも消費者にとってよい結果となるのだろうか。そうした疑問から出発し，一連の実験を行ったのがシーナ・アイエンガー[1]とマーク・レッパーであった（Iyengar & Lepper, 2000）。

■ジャム実験

　まず，アイエンガーたちはジャムを使ったフィールド実験を行った。選ばれたのは英国王室御用達で有名なウィルキン＆サンズのジャムである。実験条件は2つで，1つは，ジャムの種類が24種類の多数選択肢条件（以下，多数条件）。もう1つは，ジャムの種類が6種類の少数選択肢条件（以下，少数条件）である。ちなみに後者の6種類とは，キウイ，ピーチ，ブラックチェリー，3種類の果物のマーマレード，レモンカード，レッドカラントで，これら6種類は多数条件の24種類のなかにも含まれていた。また，どちらの条件にも，ストロベリーやラズベリーのような選ばれやすいものは含まれておらず，ジャムの価格は4～6ドルであった。

　実験はドレーガーズのメンローパーク店で行われ，2つの実験条件は試食コーナーとして，同じ場所に時間交代制で交互に設置された[2]。また，立ち寄った買い物客はジャムのテイスティングを勧められ，1ドルの割引きクーポンを渡された。なお，買い物客がジャムの購入を希望する場合には，その後，全種類のジャムが並ぶ陳列棚から商品を手に取り，レジで購入することになるのだが，その際にクーポンが使われるので，購入者が実験参加者かどうか，わかる仕組みになっていた。

　では，こうした実験の結果はどのようなものだったのか。まず，測定されたのは，試食コーナーに立ち寄った人の割合であった。目立たないように行われた観察の結果，通行人の数は多数条件で242人，少数条件で260人とほぼ同程度であったが，試食コーナーに立ち寄った人の割合は，多数条件では約60%であったのに対し，少数条件では約40%と大きな開きがあった。やはり，買い物客を引きつける力が強いのは，選択肢がたくさんある場合だったのである。しかし，その後，立ち寄った買い物客が実際にジャムを買ったかどうかについては，まったく逆の結果となった。ジャム購入者率は少数条件では約30%であったのに対し，多数条件ではわずか3%に過ぎなかったのである。

　こうした結果はアイエンガーたちの選択肢過多仮説を支持するものであった。選択肢過多仮説とは「選択肢の広汎な供給は，最初は望ましいと見なされるが，最終的には動機付けを低下させる」という仮説である。アメリカ社会では自由と自主性が大切にされており，相手に選択の自由を与えることが「思いやり」

と考えられることもあるためか，選択の否定的な側面を明らかにしたこの研究は，多くの人たちの注目を集めることとなった。

ただし，この実験には以下のような疑問点も残されている。アイエンガーたちも認めているのだが，まず，少数条件の実験参加者は，テイスティングの後に，他にもたくさんの種類のジャムが棚にあるのを見て，さっきの6種類が何か特別な物に思え，そのことがジャムの購入を促したのではないだろうか。また，2つの実験がそれぞれ異なる人々を集めてしまった可能性はないだろうか。24種類ものジャムは，いつもはジャムに無関心な人たちを引きつけ，他方，6種類のジャムは，より真剣にジャムの購入を考えている人たちを集めたのかもしれない。さらに言えば，多数条件に集まった人たちは，好みのジャムを決めるにはテイスティングの回数が不十分だと感じていたかもしれない。そこでアイエンガーたちは，より統制された実験室実験を行うことにしたのだが，以下ではそのなかから，チョコレートを使った実験の結果を紹介しよう。

■チョコレート実験

チョコレート実験には高級チョコレートの代名詞とも評されるゴディバが選ばれた[3]。また，実験参加者はコロンビア大学の大学生であったが，実験参加者がゴディバの大ファンであると，そのことが結果に影響することが懸念された。そのため，事前調査で「チョコレートが好き」と回答した人たちのなかで，さらに，「ゴディバのチョコレートは『食べない』か『たまに食べる』」と回答した人だけが，実験参加者として選ばれた。なお，実験群は2つあり，1つは，試食するチョコを6種類のなかから選ぶ少数条件（33人）。もう1つは，30種類のなかから選ぶ多数条件（34人）であった。

実験が始まると，まず，次のような説明が行われた。「私たちはマーケティングリサーチを行っています。人々がどうやってチョコレートを選ぶか，ということについての研究です。これから，チョコレートとその名前を見て，『自分で食べるために買いたい』と思ったものはどれか，教えていただけますか」。そこで，実験参加者たちは，それぞれ味が異なる6種類，または，30種類のチョコのなかから試食するチョコを選択し，選択に満足しているかどうかや，選んだチョコへの期待度などについて回答し，その後，選んだチョコを試食した。

そして，そのうえで，試食したチョコへの満足度を回答した。さて，選択肢数の違いは，どのような結果を生んだのだろうか。

まず，試食前のチョコ選びが楽しかった度合いは，予想通り多数条件の方で高かった。しかし，試食したチョコへの満足度は多数条件の方が低かったのである。しかも，実験参加者は，実験謝礼として「現金5ドル」か「5ドル相当のゴディバ」か，いずれかを選ぶことができたのだが，チョコを選んだ者は少数条件では48%にも及んだのに対し，多数条件ではわずか12%に過ぎなかった。このように，アイエンガーたちの選択肢過多仮説は，この実験でもはっきりと支持されたのである。やはり，多すぎる選択肢は消費者にポジティブな結果をもたらさないようである。

しかし，それにしても，選択肢の多さが否定的な結果につながるのだとしたら，そこにはどのような心理的メカニズムが関わっているのだろうか。以下ではこの問題について考えるために，まず，人間の意思決定方略について解説する。

2．消費者の意思決定方略

はじめてUSBメモリを買ったときのことを思い出してほしい。複数のメーカーからいろいろな商品が発売されているから，どれを買えばよいか悩んだ人も多いのではないだろうか。もちろん，容量を決めれば選択肢も減るのだが，それでも，デザインや価格には大きな違いがあるし，転送速度などの性能を考え出すと，どれが一番いいのか，わからなくなってしまう。

このように，消費者が商品・サービスを購入しようとすると，ほとんどの場合，多くの選択肢のなかから選択を迫られることになるのだが，そんなとき消費者は，どうやって購入するものを選んでいるのだろうか。これまでの研究から，消費者の意思決定方略にはいろいろな方法があることがわかっているが，それらは大まかには「消去法」「総合評価」「その他」の3つに大別することができる。

まず，消去法とは，商品・サービスの評価ポイントのなかに合格基準に達していないものがあると，それを理由にその商品・サービスを購入候補から除外

表7-1　消費者の意思決定方略

非補償型意思決定ルール（noncompensatory decision rule）
　　逐次消去型（elimination-by-aspects rule）
　　辞書編纂型（lexicographic rule）
　　連結型（conjunctive rule）
　　分離型（disjunctive rule）
補償型意思決定ルール（compensatory decision rule）
　　単純加算型（simple additive rule）
　　加重加算型（weighted additive rule）
その他
　　段階型（phased rule）
　　感情参照型（affect referral rule）

する，という方法である。このような方法は，検討中の選択肢に劣っている点があった場合，それを他の優れた点で埋め合わせる（補償する），ということをしない方法である。そのため非補償型意思決定ルールと呼ばれる。これに対し，評価ポイントのなかに合格基準に達していないものがあっても，それを他の評価ポイントの高評価でカバーして，購入するものを決めるやり方もある。このような総合評価による方法は補償型意思決定ルールと呼ばれる。

　以下では，まず，こうした非補償型と補償型にも複数のバリエーションがあることを確認し，そのうえで，その他の方略について解説する（表7-1を参照）。

■非補償型の方略

　まず非補償型の代表例とも言えるのが逐次消去型である。逐次消去型では，最初に，候補となるすべての選択肢を最も重要な評価ポイントで評価し，合格基準に達していないものを除外する。そのうえで，2番目に重要な評価ポイントについて同じことを行い，購入するものが決まるまで，こうした作業を繰り返していく。

　ここでは，こうした消去法を，架空の商品群を対象として，実際に体験しておくことにしよう。図7-1は，3つの商品（USBメモリ）について，「価格」

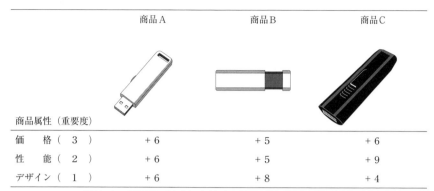

商品属性（重要度）	商品A	商品B	商品C
価　格（ 3 ）	＋6	＋5	＋6
性　能（ 2 ）	＋6	＋5	＋9
デザイン（ 1 ）	＋6	＋8	＋4

図7-1　購買意思決定における商品の属性別評価（架空例）

「性能」「デザイン」という3つの評価ポイントを設定し，それらの重要度と，各商品の評価ポイントの得点を一覧できるようにしたものである。

　逐次消去型では，まず，最も重要度の高い評価ポイントである「価格」について，各商品の得点が検討されるが，その際，低めの合格基準が設定される（ここでは6点とする）。そのため，ここでは「価格」の基準をクリアしていないBが除外される。次に，残ったAとCについて，2番目に重要な「性能」の得点が検討されるが，どれも低めの基準を満たしているので，さらに「デザイン」について検討され，Cが除外されて，最終的にAが選ばれることになる。

　これに対し，捨てる選択肢に注目するのではなく，残す選択肢に注目するのが辞書編纂型である[4]。この方略では，まず，最も重要な評価ポイントに照らし，最も評価の高いものがあれば，それを採用することに決める。しかし，複数の候補が同点となることも多い。そこで，そのような場合には，2番目に重要な評価ポイントによって比較を行い，その結果で採用するものを決める。なお，それでも同点である場合には，3番目に重要な評価ポイントについて，同じことを繰り返す。

　このような辞書編纂型の意思決定は，図7-1の場合，次のように行われる。まず「価格」について検討すると，AとCが同点で基準をクリアする。そこで，次に「性能」について検討し，得点が高いCが選ばれる。

　なお，以上の2つの消去法は，候補となる選択肢を全部検討するやり方であ

るが，消去法のなかには，商品を順番に検討していくなかで，複数の合格基準をすべて満たした最初の選択肢を採用するという方法もある。こうした方略は連結型と呼ばれるが，図7-1において低めの合格基準を設定した場合には，最初の商品であるAについて検討が行われ，すべての評価ポイントで基準をクリアしているので，Aが選ばれて意思決定が終了することになる。

これに対し，高めの合格基準を設定しておき（ここでは8点とする），複数の合格基準のうち，1つでもクリアした選択肢が現れれば，それを採用して意思決定を終える方法もある。このような方略は分離型と呼ばれるが，意思決定への関与度が低い場合や，複数の商品属性の間に重要度の差がない場合のことを想像すると，理解しやすいかもしれない。

なお，連結型や分離型では，基準を最初に満たしたものが採用されるため，選択肢の評価順序が意思決定の結果に大きく影響することになる。

■補償型の方略

次に補償型のバリエーションを紹介する[5]。まず挙げられるのは単純加算型である。この方略はいたってシンプルで，好ましい評価ポイントの数が最も多いものが選ばれる[6]。図7-1に適用すると，低めの合格基準（6点）を設定した場合には，クリアした数が最も多いのはAなので，Aが選ばれることになる。ただし，高めの合格基準（8点）で考えた場合には，BとCが同点となるので，さらに，別の方法を考えなければならない。

これに対し，より複雑なのが加重加算型である。この方略では，商品の評価ポイントが複数ある場合，各評価ポイントごとに，その得点を評価ポイントの重要度で重み付けしてスコア化する。そのうえで，すべての評価ポイントのスコアを加算して総合得点を算出し，最も総合得点が高いものを選択する。図7-1に適用すると，重み付け総合得点は，Aが36（$6×3+6×2+6×1$），Bが33（$5×3+5×2+8×1$），Cが40（$6×3+9×2+4×1$）となり，Cが選ばれることになる。

■その他の方略

なお，その他の方略としては，まず，複数の方略を組み合わせる方法が挙げ

られる。段階型と呼ばれる方略がそれで，たとえば，最初，選択肢が非常に多い段階では逐次消去型で選択肢を一気に減らし，そのうえで，残った少数の選択肢について単純加算型で比較検討する，といったやり方となる。

また，いろいろな方略のなかでも身近に感じるものとして，いつもの「お気に入り」を選ぶという方略を挙げることができる。もちろん，ノートPCや海外旅行パックのように，高額で購買頻度が低いものが対象となる場合は話が別である。しかし，比較的安価で購買頻度が高いものの場合には，多くの消費者にすでに「お気に入り」のものがあることが多く，そうした場合には，新たに多くの選択肢を評価したりせずに，記憶のなかで最も評価が高いものが選択されると考えられる。このように，すでに好意的な評価・態度が形成されている選択肢を選ぶ方略は感情参照型と呼ばれる。

3．最適化と満足化

以上のように，消費者が意思決定に用いる方略にはいろいろなバリエーションがある。また，どの方略を採用するかで，意思決定の結果がまったく異なることも珍しくない。ただし，注意が必要なのは，消費者が常に熟慮するわけではない，という点である。

たとえば，上述の加重加算型は，多属性効用理論に基づく多属性意思決定の代表例であるが，消費者が日々行っている買い物の際に，重み付け総合得点を算出することはほとんどないと言ってよい。もちろん，多属性意思決定は，商品の複数の属性（評価ポイント）について熟慮する総合的な判断であり，優れた方法ではあるのだが，心理的にも時間的にも多くのコストを必要とするため，採用される場面も限られている。

■ヒューリスティック

しかし，だからといって，消費者が何も考えていない，というわけではない。現実の消費者は多くの場合，あまりコストをかけなくても大きく失敗することのない方法で商品を選んでおり，そのような簡便法のことはヒューリスティック（heuristic）と呼ばれる[7]。ここまで述べてきたいろいろな方略は，多属性

意思決定に比べると，相対的にはヒューリスティックということになるだろう。

なお，多属性意思決定とヒューリスティックを比較するとわかるように，現実の人間は，すべての情報を瞬時に検討して総合的判断を下せるような「合理的」な存在ではない。そのため，ハーバート・サイモン[8]は，経済学的な意味で「合理的」な人間像であるホモ・エコノミカスを批判して，限定合理性 (bounded rationality) という概念を唱えている。現実の人間は，合理的であろうとしても，その合理性には限界がある，という主張である。これを心理学的に言い換えれば，「人間は情報処理能力の範囲内で合理的な意思決定を行う」ということになるだろう。

■**満足化**

さらにサイモンは，限定合理性という概念に基づいて次のように主張している。多属性効用理論は効用の最大化に関する理論であり，そのような意思決定原理は最適化 (optimizing) 原理，あるいは，最大化 (maximizing) 原理と呼ぶことができる。しかし，実際には，人間は限定合理性のために，すべての情報を検討せず，満足できる選択肢が見つかると，それを選んで意思決定を終えることになる。このような意思決定原理は満足化 (satisficing) 原理と呼ぶことができる (Simon, 1956)[9]。

このように考えてくると，意思決定方略の具体的な内容の違いというよりも，意思決定に費やすコストの高低によって，消費者の意思決定を分類できることに気がつく。「最高の一品」を求め続けるのが最適化原理に従った意思決定であり，他方，「そこそこ満足できる商品」が見つかったら，それで良しとして，それ以上のものを追求しないのが満足化原理に従った意思決定である。どちらの方略を使うかによって，結果が大きく異なりうることは言うまでもないだろう。

■**最適化の不可能性**

さて，ここでもう一度，残された問題について考えてみよう。アイエンガーたちのチョコレート実験で，選択肢が多い場合の方が満足度が低かったのは，どのような心理的メカニズムが働いた結果なのだろうか。

実はアイエンガーたちは，当初，次のように考えていた。まず，実験参加者は，選択肢が少ない場合には，最適化原理によって「最高の一品」を選ぼうとするだろう。そのため満足度も高いだろう。しかし，選択肢が多い場合には，実験参加者は満足化原理を使い，あまり好みを追求せず，満足できるものを選んで選択を終えるだろう。そのため満足度も高くないだろう。

　このように考えると，試食前の実験参加者が，選んだチョコを「最高のもの」だと思っているかどうか（最適化原理を使ったかどうか），また，「満足できるもの」だと思っているかどうか（満足化原理を使ったかどうか）を尋ねれば，そうした仮説を支持する結果が得られると予想された。ところが，実際に測定してみると，少数条件と多数条件の間に測定値の差は認められなかった。しかも，どちらの条件でも，「最高のもの」とする度合いよりも，「満足できるもの」とする度合いの方が高かったのである。もしも選んだチョコの満足度を低下させていたのが満足化原理なら，こんな結果にはならないはずである。

　そこで，アイエンガーたちは，次のように考えた。多数条件では選択肢が多いため，実験参加者は自分の選択に強く責任を感じることになる。しかし，選択肢が多いと，膨大な時間と労力を要する最適化原理の使用は実際には不可能となる。そのため実験参加者は，思ったような選択を十分行うことができず，その結果，不満と後悔を感じることになる。

　こうした推論に従って各測定値を調べてみると，実験参加者は，多数条件では少数条件より選択を「楽しい」と感じる度合いは高かったものの，同時に，選択を「難しい」と感じてフラストレーションに陥っており，自分の選択に不満と後悔を感じる度合いも高くなっていた。こうした結果は上述の説明を支持する結果であり，最適化原理を十分に使えなかったことが，満足度を低下させていた可能性が高いと考えられた。

　以上のように，人間の心理的メカニズムに注目すると，選択肢の多さが消費者にとってプラスであるとは限らないことがよくわかる。もちろん，人間の意思決定について広く見渡した場合，選択肢の多さがプラスの結果をもたらすことも少なくない。たとえば，重い病気を治療する際には，情報を収集し，医師の説明を十分理解したうえで治療法を選択した方が，よりよい結果が得られる

可能性が高くなるだろう。そのような意味では，意思決定方略の内容や選択肢の数が，それ自体として問題となるのではなく，人間が行っている実際の意思決定に照らし，選択肢が多すぎないかどうか，ということが問題であるように思われる。

4．意思決定の個人差

　消費者は状況に応じて意思決定の仕方を変える。しかし，個人差に注目すると，いつも最高を追求して止まない人と，いつもだいたいのところで満足する人がいるような気もする。買い物についても，前者は最高を求め，膨大な時間と手間を惜しまない。そして，商品を購入した後も，もっとよい商品があったかもしれない，という思いに苛まれる。これに対し後者は，自分なりの基準を持っていて，それに見合う商品が見つかれば，それを買って終わりとなる。最高でなくても十分満足できるのである。

　こうした点に注目し，バリー・シュワルツは，前者を最大化原理（最適化原理）に従うマキシマイザー（maximizer），後者を満足化原理に従うサティスファイサー（satisficer）と呼んで区別した[10]。シュワルツによれば，マキシマイザーはサティスファイサーに比べ，以下の①〜⑥のような傾向が認められるという（Schwartz, 2004, 2016）[11]。①購買意思決定の前でも後でも商品を比較する。②購買意思決定に時間がかかる。③自分の購買意思決定と他人の購買意思決定の比較に時間を費やす。④購買後に後悔しやすい。⑤買ったものの代替物について考えることに時間を費やす。⑥概して自身の購買意思決定に肯定的でない。

　また，買い物以外でも，マキシマイザーはサティスファイサーに比べ，次のような傾向があるという。⑦良い出来事を心ゆくまで楽しまず，（自認するところでは）悪い出来事に上手く対処できない。⑧何か悪い出来事が起こったあとで，良好な感覚（sense of well-being）を取り戻すのに時間がかかる。⑨くよくよ考えたり，思いめぐらしたりしがちである。

　効用の最大化を求める消費者が，その努力とは裏腹に，不満や後悔に苛まれ，不幸になりがちなのだとしたら，大変皮肉なことである。やはり，消費者心理

学においても「過ぎたるは及ばざるがごとし」と言わざるをえないようである。

　なお，シュワルツらは，こうした意思決定の個人差を測る心理尺度の開発を試みており（Schwartz et al., 2003），その尺度には次のような項目が含まれている。「買い物をするとき，本当にお気に入りの服を見つけるのに苦労する」。「ビデオを借りるのは本当に難しい。最高の作品を選ぼうとして，いつも苦労する」。「友人への贈り物を買うのは難しいとよく思う」。さて，こうした項目に照らしてみると，あなたはマキシマイザーだろうか，それともサティスファイサーだろうか。

注

1. シーナ・アイエンガー（Sheena Iyengar）。コロンビア大学ビジネススクール教授。著書 The Art of Choosing は広く注目を集める。2011年には『コロンビア白熱教室』（NHK教育テレビ）が放送され，現在ではTEDTalksで講演動画が配信されている。
2. ドレーガーズは品揃えの豊富な店として有名で，試食ブースも常設されていたため，この実験も無理のない形で実施できた，とのこと（Iyengar & Lepper, 2000）。なお，「ジャム実験」は jam study の意訳。
3. 便宜的に「チョコレート実験」と呼ぶ。
4. 英和辞典における about と above の掲載順序は，単語同士を1文字目から順番に，アルファベット順で比較していくと，4文字目で決まることになる。辞書編纂型もこれと同様に，重要な評価ポイントから順番に比較する方法である。なお，辞書編纂型という言葉は初学者には分かりにくいため，辞書式順序型と呼んだ方がよいかもしれない（数学では lexicographic order は辞書式順序と訳される）。
5. 補償型のなかには加算差型という方略もあるが，やや複雑な方法であるため，ここでは説明を省略する。
6. ここでは説明の便宜のために「好ましさ」を合格基準（得点）によって判断しているが，実際の判断が直感的・二値的であることも十分予想される。
7. 問題解決の方法にはアルゴリズムとヒューリスティックの2種類がある。アルゴリズムは可能な解決策を1つひとつ順番にすべて試すような方法であり，ヒューリスティックは何らかの知識や経験を利用して効率的に問題を解決しようとする方法（簡便法）である。具体例を挙げるなら，ダイヤルロックの4桁の番号を忘れてしまったとき，0000～9999までのすべての番号を1つひとつ順番に試すのがアルゴリズムであり，誕生日や電話番号など，番号として使われそうなものか

ら順番に試してみるのがヒューリスティックである。なお，ヒューリスティックの複数形がヒューリスティクス（heuristics）である。
8．ハーバート・サイモン（Herbert A. Simon）。カーネギーメロン大学教授として長期に渡り活躍。経済学，経営学，人工知能など，多くの分野に影響を与える。組織の意思決定に関する研究で1978年にノーベル経済学賞を受賞。
9．satisficeはsatisfy（満足させる）とsuffice（十分）を組み合わせた言葉であると言われている。
10．バリー・シュワルツ（Barry Schwartz）。スワスモア大学教授。著書 *The Paradox of Choice* はベストセラー。TEDTalksで講演動画も配信されている。
11．この結果は2000年頃のアメリカでのものであり，尺度項目も当時のアメリカ社会を想定したものであるため，そのまま現在の日本に当てはまるとは限らない。なお，シュワルツ（Schwartz, 2004）も指摘しているように，「最大化は，意思決定に必要となる心的コストなども含めると，本当の意味での最大化ではない」と考えることもできる。

引用文献

Iyengar, S. (2010). *The art of choosing*. New York, NY: Twelve.（アイエンガー, S. 櫻井祐子（訳）(2010). 選択の科学——コロンビア大学ビジネススクール特別講義　文藝春秋）

Iyengar, S., & Lepper, M. (2000). When choice is demotivating: Can one desire too much of a good thing? *Journal of Personality and Social Psychology, 79*, 995-1006.

Schwartz, B. (2004). *The paradox of choice: Why more is less*. New York, NY: Harper Collins.（シュワルツ, B. 瑞穂のりこ（訳）(2012). なぜ選ぶたびに後悔するのか——オプション過剰時代の賢い選択術　武田ランダムハウスジャパン）

Schwartz, B. (2016). *The paradox of choice: Why more is less*, Revised edition. New York, NY: Harper Collins.

Schwartz, B., Ward, A., Monterosso, J., Lyubomirsky, S., White, K., & Lehman, D. R. (2002). Maximizing versus satisficing: Happiness is a matter of choice. *Journal of Personality and Social Psychology, 83*, 1178-1197.

Simon, H. A. (1956). Rational choice and the structure of the environment. *Psychological Review, 63*, 129-138.（サイモン, H. A. 佐伯道子（訳）(1970). 合理的選択と環境の構造　宮澤光一（監訳）人間行動のモデル（pp. 453-470）同文舘出版）

（山田一成）

8章 雰囲気で買ってしまう？
消費者の感情

次のことを想像してみてほしい。あなたは今，ハイブランドの路面店に向かって歩いている。今日は商品をいくつか手に取り，どれか一つを購入しようと思って来た。入り口のドアマンと目があう。来店の予約はしている。しかし不相応な客と思われると，ドアを開けてもらえないのではないかと少し緊張する。ドアが開いた。ラグジュアリー商品が並ぶ店内で，あなたの気持ちが高まっている。この高揚感は商品の美しさから生じているのか。それとも，入り口での迎え入れられ方や，ショップの重厚で豪華なディスプレイから生じているのか。

1．消費場面における感情

買い物の際，消費者はしばしば上記のような高揚感など，さまざまな感情を経験する。本章ではそうした感情が，商品に対する評価や判断，また商品関連情報の処理に与える影響について説明する。

最初に，良い気分や悪い気分が商品選択に与える影響について説明する（2節）。これらの感情は，その源泉（感情が生じる原因）がはっきりしないため，しばしば別の原因に対する感情と取り違えられる。商品購買場面では，商品とは無関連な源泉から生じた感情が商品評価や商品情報の処理に影響を与えることがある。次に，恐怖感情とユーモア感情を取り上げる（3節）。商品購買場面においては，商品情報に含まれるこれらの感情的要素が，商品に対する説得効果に影響を与え，消費者の購買意図を高めることがある。最後に，商品情報の処理や想起の際に経験される主観的感覚が，商品に対する評価に影響を及ぼ

すことについて説明する（4節）。

2．その感情は商品に対するものか

　買い物の際，商品がどれも良く思えて想定以上の出費をした経験があるかもしれない。このような場合，後で買い過ぎを後悔したかもしれないが，買い物の最中には楽しさを感じていただろう。しかし，こうしたポジティブな感情は本当に商品それ自体が良いものであることから生じているのだろうか。もしかすると，その楽しさは店に流れる明るいBGMから生じている可能性はないだろうか。対照的に，どの商品も気に入らなくて何も買わずに帰った経験があるかもしれない。それは品ぞろえが良くなかったのではなく，その日の天候の悪さからくるネガティブ感情が買い物をつまらなく思わせたためかもしれない。

　社会心理学の研究では，上記のように，商品など評価の対象以外の源泉から生じた感情が，対象の評価や対象に対する判断に影響を与えることが明らかになっている。なお，それらの研究では，実験を実施して実験参加者にポジティブもしくはネガティブな感情状態を導出する。感情状態の導出には，過去の出来事の想起や，音楽の聴取，映像の視聴などの方法が用いられる。その後，参加者に対象を示して，その対象に対する評価や判断を回答させる。次に紹介するヤンとワイヤーの実験（Yeung & Wyer, 2004）も，そうした方法を用いて，感情が判断に影響を与えうることを明らかにした研究の一つである。

■感情が商品選択に影響を与える

　ヤンたちは，実験参加者にポジティブもしくはネガティブな出来事を想起させていずれかの感情を導出した。次に別の課題として，スポーツシューズの魅力的な商品写真を見せ，商品の評価をたずねた。すると，ポジティブな感情状態にある参加者の方が商品に対する好意度を高く回答した。これは，スポーツシューズとは無関連に生起した感情が，商品に対する好意の程度に影響を与えたために生じたと考えらえる。

　それでは，なぜこのような影響が見られたのだろうか。シュワルツ（Schwarz, 1990）によると，感情は判断における情報として働く（感情情報機能説）。ポジ

ティブな感情は判断対象が良いことを人に知らせる働きをする。対照的にネガティブ感情は判断対象が悪いことを人に知らせる働きをする。よって，たとえば商品に対してポジティブ感情が生じれば，その情報が手がかりとなり，商品に対する好意度や購買意図が高まるのである。ただし，しばしば商品自体とは無関連な源泉から生じている感情も，その商品に対する感情と誤ってとらえられ（誤帰属），判断に影響を与えてしまうことがある。過去の記憶を想起することによってポジティブな感情が生じているのに，参加者はその後に見せられた写真のスポーツシューズから，ポジティブな感情が生じたのだと感情の原因を商品に誤帰属する。他方，過去の記憶を想起することによってネガティブな感情が生じていると，参加者は写真のスポーツシューズからネガティブな感情が生じたのだと感情の原因を商品に誤帰属する。その結果，ポジティブな記憶を想起した参加者の方が，ネガティブな記憶を想起した参加者よりも，スポーツシューズに対する好意の程度を高く回答したのである。こうした効果を，判断における感情一致効果という。

　商品選択において，商品が良く見えたりそうでなかったりすることに，その際にたまたま生じている感情が影響することを，多くの場合，消費者は自覚しない。そのため，商品の選択という判断に，商品とは無関連な源泉から生起した感情の影響が生じるのである。ただし，こうした感情の影響はどのような場合でも生じるわけではない。たとえば，判断する前に感情が何から生起しているのか，その源泉を正しく理解すれば，判断に対する感情の影響は見られなくなることを，シュワルツとクロアの研究が示している（Schwarz & Clore, 1983）。

　この研究では，晴れた日もしくは雨の日に電話調査を実施し，調査参加者に生活満足感についてたずねた。すると，晴れた日には，天気の悪い日よりも生活満足感が高く回答された。天気が良いことから参加者にポジティブ感情が生じ，また天気が悪いことから参加者にネガティブ感情が生じ，本来はその感情の源泉とは無関連な判断対象である生活満足感の回答に影響を与えたと解釈できる。すなわち，感情一致効果が認められたのである。しかしながら，生活満足感についてたずねる前に，参加者に自分の住む地域の天気について答えてもらうと，天気が悪い場合にも，生活満足感は晴れた日と同程度に高く回答された。天気が悪いことでネガティブな感情状態にあった参加者が，その感情を正

しい源泉である天気に帰属できたため,生活満足感の判断に感情の影響が見られなくなったのである。

このことは,商品を選択する際に,今の感情状態がどこから生じているのか考えてみる必要性を示唆する。もしその感情が商品以外のものから生じているのであれば,商品に対する判断に感情が影響しないようにする。そして,商品そのものに対して自分がどう感じているのか,よく考えて選択を行う。そうすれば,自分が本当に欲しいものが手に入るだろう。

■感情が商品情報の処理に影響を与える

感情は上記のように商品選択といった判断（認知の内容）に影響を与えるだけではなく,情報処理（認知の方法）にも影響を与える。商品選択場面において,消費者は商品やサービスに関する説明や広告メッセージなど,多くの商品情報に接触する。そうした際にも,情報自体とは無関連な源泉から生じている感情が,情報の処理に影響を与えるのである。たとえば,買い物の際,何らかの原因によってポジティブな感情が生じている場合と,ネガティブな感情が生じている場合とでは,商品を説明する情報について考える程度が異なる可能性がある。

このことについて考えるために,まず,説得的メッセージに対する受け手の態度変容過程について示したペティとカシオッポの精査可能性モデル（Petty & Cacioppo, 1986）について説明する。モデルでは,「人がメッセージに含まれる問題関連論点（issue-relevant arguments）に対して考える程度」(p. 128) によって,態度変容のルートを中心ルートと周辺ルートの2つに区分している（3章を参照）。

精査可能性モデルにのっとって説得の効果を検討する研究では,説得的メッセージの中心的要素である論点に対し,その論拠（説得の理由）の強弱を操作した実験がしばしば行われてきた。研究では,論拠の強い説得的メッセージもしくは論拠の弱い説得的メッセージを実験参加者に呈示する。参加者が説得的メッセージの内容をよく読みその内容についてよく考えれば,論拠の強いメッセージに対してはメッセージの唱導方向の態度が示されるが,論拠の弱いメッセージに対してはそうした態度は示されない。よって,研究においては,強い

論拠のメッセージに対する態度が肯定的であり，弱い論拠のメッセージに対する態度が否定的であると，参加者がメッセージについてよく考えたと推察する。対照的に，参加者がメッセージの内容についてよく考えなければ，論拠の強いメッセージに対しても，論拠の弱いメッセージに対しても，同じような態度が示される。そのため，研究においては，論拠の強弱によって態度に違いが見られない場合や，違いが見られたとしてもそれが小さい場合には，参加者がメッセージについてよく考えなかったと推察するのである。

さて，ここで感情による情報処理の違いについて話を戻そう。この点について検討したバトラとステイマン（Batra & Stayman, 1990）の実験では，ポジティブな感情が生じるストーリーを読む条件，もしくはストーリーを読まない統制条件を設けた。これは，実験参加者の感情状態をあらかじめポジティブもしくはニュートラルな状態にするためであった。次に別の研究と称して，銀行の広告を参加者に呈示した。広告には，その銀行の利用を勧める論拠の強いメッセージ（たとえば，預金金利が0.5％高い），もしくは論拠の弱いメッセージ（たとえば，ロビーでのコーヒーが無料）が書かれていた。

呈示した情報に対して参加者がよく考えた程度を検討するため，参加者の態度が測定された。その結果，ニュートラルな感情状態にあった参加者では，論拠の強いメッセージを呈示された場合には，論拠の弱いメッセージを呈示された場合よりも，銀行のブランドが高く評価された。このことは，ニュートラルな感情状態にあると，人が商品やサービスに関する情報に対してよく考えることを示している。他方，ポジティブ感情状態にあった参加者では，銀行のブランド評価における論拠の強弱による差は見られなかった。このことは，ポジティブ感情状態にあると，人が情報の内容に対してよく考える程度が低くなることを示唆している。

もちろん，どの銀行を利用するのかという選択にはさまざまな理由があるだろう。しかしながら，預金金利の高さという理由に比べて，コーヒーが無料という理由は周辺的なものであると考えられる。それにも関わらず，もしもたまたま消費者がポジティブな感情状態にあると，銀行に関する情報についてよく考えず，そうした周辺的手がかりに基づいた選択が生じうることを，上記の研究は示している。

それでは，なぜこのような結果が生じたのだろうか。これまでの社会心理学の研究により，感情が情報処理方略の選択に影響を与えることが明らかになっている。シュワルツ（Schwarz, 1990, p. 527）によると，ネガティブ感情は状況に問題のあることを知らせ，「努力を要し，詳細で分析的な処理方略を促す」。対照的に，ポジティブ感情は状況に問題がないことを（暗黙に）知らせて，「努力の程度が低いヒューリスティックな処理方略を促す」。その結果，情報の受け手にネガティブ感情が生じている場合には，ポジティブ感情が生じている場合よりも，受け手は次に呈示された商品情報についてよく考えると想定されるのである。

このことは，以下の可能性を示唆している。買い物の際，ポジティブな感情状態が生じている場合には，そうでないときよりも，商品に対してよく考える程度が低くなる。たとえば，その日のすがすがしい天候や店員の丁寧な接客によって良い気分になっていると，商品の仕様や用途についてあまりよく考えることなく，商品を良いと思って購入してしまうかもしれない。もしも，買ったことを後悔するという経験が多いのであれば，商品情報処理に感情が及ぼす影響について考えてみる必要があるだろう。

■商品選択に感情の影響が生じにくい場合

ここまで，商品の選択の際，消費者にたまたま生じていた感情によって判断が影響を受けることについて説明した。しかしながら，商品とは無関連な源泉から生じた感情が常に商品選択に影響を与えているかというと，必ずしもそうではない。感情の源泉が正しく理解されている場合や，判断対象である商品について消費者がよく知っていて，その評価があらかじめ定まっているような場合には，感情の影響は小さいことも示されている。

フォーガス（Forgas, 1995）は，対象の判断に対して感情の影響が見られる場合と見られにくい場合を示すために，感情混入モデル（Affect Infusion Model）を提出した（図8-1を参照）。このモデルは，感情の影響を受けた情報が判断者の思考過程に混入して判断に影響を与えることを前提としている。そして判断の際，課題や判断者の特徴，状況要因によって，感情混入の程度や性質が決定されることを仮定する。フォーガスは，「課題の質」に関する軸と，

PART 2　商品選択と消費者心理

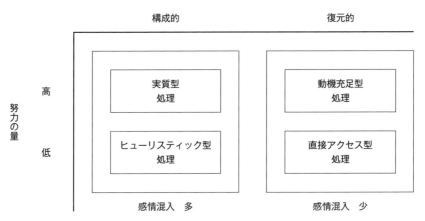

図8-1　感情混入モデルの概念図　Fiedler（2001）p.172, Fig. 8.1を基に作成

　課題に対する認知的な「努力の量」という軸を想定し，処理方略を4つに区分して説明する。
　以前からよく知っている商品の購買に対しては知識がすでに関連づけられ，記憶に保持されている。たとえば，毎朝，同じコーヒーショップでいつものカフェ・ラテを買うという人が，翌朝もその商品を選ぶ場合には，その知識を思い出すだけでよい。このような「復元的（reconstructive）」課題に対して処理が行われる場合には，感情はあまり判断に影響を及ぼさない。他方，初めて知るカテゴリーの商品を選ぶのであれば，消費者はまず商品に対する情報を統合する必要がある。たとえば，初めて金融商品を選択するという人は，多くの情報を比較しながら投資のリスクとリターンをよく考える。このような「構成的（constructive）」課題に対して処理が行われる場合には，感情が判断過程に混入しやすく，判断に感情の影響が見られやすい。たまたまポジティブな感情状態にあるときに選択を行えば，過去のポジティブ経験が思い出され，リターンは高いがリスクも高い商品を選択する可能性がある。以下では，それぞれの方略について説明する。
　復元的な課題であり，また認知的な努力の量が低い場合には，直接アクセス

型処理（Direct Access Processing）が取られ，既存知識に基づいた判断がなされる。こうした場合，感情が混入する余地が小さいため，判断に対する感情の影響は見られにくい。商品選択においては，いつも買うお気に入りの商品があり，また特に他の商品を選択する必要がない場合などがこれにあたる。

　同様に，復元的な課題であっても，特定の目標が存在してその遂行のために認知的な努力の量が高い場合には，動機充足型処理（Motivated Processing）が取られる。たとえば，何か嫌なことがあってネガティブな感情状態にあるとしよう。そのようなとき，感情を改善しようとして，いつも自分を楽しい気持ちにさせてくれる活動に従事したり，いつも自分の気持ちを高めてくれる商品を買ったりする。こうした場合，商品購買は感情改善という目標のために遂行される。そのため，ネガティブな感情状態にあっても，商品の評価がネガティブなものになるという感情一致効果は生じにくく，むしろ感情価とは不一致なポジティブ対象が選択される。つまり，判断に対する感情の影響は見られにくいのである。

　未知の対象に対する判断など構成的な課題であり，判断に対する個人的関与も低い場合，もしくは認知的容量が制限されている場合には，ヒューリスティック型処理（Heuristic Processing）が取られる。こうした場合，先述した情報としての感情の働きが生じる（Schwarz, 1990）。感情は判断の際に利用可能な情報として用いられるため，商品選択の際に感情の影響が見られやすい。先に紹介したヤンとワイヤーの実験（Yeung & Wyer, 2004）では，参加者のそのときの感情が商品の評価に情報として用いられたため，ポジティブな感情状態にあった参加者の方がネガティブな感情状態にあった参加者よりも商品を高く評価した。この効果はこうしたヒューリスティック型処理によって生じたと考えられる。

　構成的な課題であり，また処理に対する特定の目標が存在せず，認知的容量が十分にある場合には，実質型処理（Substantive Processing）が取られる。この処理について説明するために，記憶の連合ネットワーク理論（Bower, 1981）を紹介する。このモデルでは，記憶のネットワークモデルの中に感情を組み込み，感情はノード（結節点）として記憶の中の情報と結びついていると仮定する。感情が生じると，記憶のネットワークを通じてその感情と一致する感情価

を持つ情報が選択的に利用しやすくなる。判断対象に関連する情報を解釈し，また既存知識と統合していく過程が複雑であるほど，こうした感情と一致する情報が判断に混入しやすく，そのときの感情が判断に影響を及ぼす（Forgas, 2001）。商品選択においては，たとえば商品に関しては全く知らないが，よく考えて選択する必要がある場合，冷静に判断しようとしてさまざまな過去経験を思い出そうとしたり，新しい情報を既存の知識と照合したりすると，かえって商品とは無関連な感情の影響を受けた商品選択がなされる可能性がある。

3．商品情報に含まれる感情的要素は商品選択にどう影響するか

2節では，商品とは無関連な源泉から生じた感情が，商品選択や商品に関する情報に与える影響について説明した。ただし感情の影響はこれだけではない。ここでは，商品情報自体から生じる感情が，商品選択に与える影響について，恐怖感情とユーモア感情を取り上げて解説する。

■恐怖感情によって説得される

たとえば，ほこりの舞い上がりやカビの繁殖を防ぐ室内スプレー剤や液剤の広告では，しばしば汚れやその害を強調するようなイメージ画像を用いた表現が用いられる。また，化粧品カウンターでは，肌診断として将来のシミを予測した画像を顧客に示す場合もある。このような商品に関わる情報呈示は，消費者に恐怖感情を生じさせる恐怖コミュニケーションの1つである。恐怖コミュニケーションとは，「危険が差し迫っていると受け手を脅し，その危険に対処するための特定の対処行動を勧告し，受容させようとする形式の説得的コミュニケーション」（深田, 1975, p. 12）である。脅威の事態を避けるために消費者が商品を購入しようとすることもあるだろう。

恐怖コミュニケーションの効果について検討したケラー（Keller, 1999）の研究では，疾病という無防備な性行為による影響の重大性に関するメッセージを読ませることによって受け手に恐怖感情を導出し，対策を取ることの重要性を納得させた。なお，この研究では，強い恐怖はもともと説得と同じ方向の態度を持つ受け手にとって効果的であるが，説得の方向とは反対の態度を持つ受け

手には逆効果であることも示された。それは，説得とは反対の態度を持つ受け手が，対策を講じないときの影響の大きさや対策の効果を低めて認知するためと考えられる。つまり，同じ恐怖コミュニケーションであっても，受け手のもともとの態度によって説得の効果が異なることが示唆されるのである。

　上記のように，恐怖コミュニケーションの効果にはさまざまな要因が影響を与える。たとえば，情報の受け手である消費者が恐怖を感じる程度は，商品に対する消費者の関与の程度によって異なるだろう。少々のほこりなら気にしないという消費者にとってみれば，ほこりの舞い上がりを強調したイメージ画像に対しても恐怖を感じにくいかもしれない。そのような場合，室内スプレー剤の購入意図は高くならない。また，脅威事態への対処として提案される方法の効果が低い場合にも，コミュニケーションの効果は低いと考えられる。肌診断で将来のシミが予測されたとしても，化粧品を使用したところでシミの出現を防ぐことができないと消費者が思えば，化粧品は購入されないのである。よって商品情報の送り手は，商品に対して消費者の関与（6章参照）を高めるような工夫をするし，また対処方法の効果を訴求するような情報を用いて消費者の購買を促すのである。

■**ユーモア感情によって説得される**

　たとえば，ホームセンターの中を歩いているときに，実演販売スタッフがユーモアたっぷりに商品紹介をしていると，つい足を止めて聞き入り，それまで買う気のなかった商品にも興味を持つ。また，テレビ視聴中には，ユーモラスな表現を用いてブランドや商品，サービスを訴求する広告に注目する。そのようなセールスや広告には，ユーモア感情を生じさせて商品情報やその送り手に対する肯定的評価を高め，消費者を商品購買に向かわせる手法が用いられている。

　ユーモア感情と恐怖感情の効果を検討したルイスたちの研究では（Lewis, Watson, & White, 2008），飲酒運転禁止を説得のテーマとして，ユーモア感情もしくは恐怖感情のいずれかを生起させる映像広告を参加者に呈示した。テーマに対して関与度の高い参加者に，広告に対する態度について回答を求めたところ，広告が呈示された直後には，恐怖感情条件の参加者の方が，ユーモア感情

条件の参加者よりも説得に賛成する態度を示した。つまり，説得効果は恐怖感情を生じさせる訴求の方が高かったのである。なお，この研究では広告呈示から時間が経過した場合の説得効果についても検討するため，2週間から4週間後に再度，参加者の態度を測定した。すると，ユーモア感情条件では，広告呈示直後よりも態度が説得の方向に変容しており，その態度変容の程度は，恐怖感情条件における態度変容の程度よりも大きかった。すなわち，ユーモア感情を生じさせる訴求は，時間経過につれて説得の効果が増す可能性が示唆されたのである。ルイスたちはこの結果が生じた理由として，広告呈示から時間が経過すると，ユーモア感情条件では，広告呈示の際に感じられたポジティブ感情が広告メッセージの評価に誤帰属されるためと論じている。

こうした恐怖感情やユーモア感情のほかにも，ノスタルジア（なつかしさ）という感情を生じさせる広告は，広告や商品に対する消費者の記憶やイメージを高め，購買意図に結びつくことも示されている（Kusumi, Matsuda, & Sugimori, 2010）。

なお，このような商品情報自体から生じる感情は，生起の仕方や，感情に対する対処の方法がそれぞれ異なるため，判断や処理に対する影響が個別に検討されている。

4．主観的感覚は商品評価にどう影響するか

この節では，感情の一つである主観的感覚（subjective feelings）が，商品評価に及ぼす影響について説明する。シュワルツ（Schwarz, 2012）は，気分や情動と同様に，知覚的流暢性や検索容易性も対象に対する判断に影響を与えると論じている。

■知覚的流暢性によって商品購買意図が高まる

商品情報に接した際，その情報の処理がしやすいかどうかによって，商品の評価が変わる場合がある。たとえば，商品情報が書かれた文字が読みやすいと，その情報の処理が容易に感じられる。また以前同じ商品情報に接触したことがある場合にも，その情報の処理が容易に感じられる。こうした知覚的流暢性の

感覚は，商品の好ましさによって生じたものとしばしば誤ってとらえられる。判断対象に複数回接触すると，対象に対する態度が好ましくなるという単純接触効果も，刺激の処理効率が高まり，生起した親近感が刺激の好ましさに誤帰属されるために生じると説明されている（Bornstein & D'Agostino, 1992）。

また，こうした単純接触効果が生じる過程において，流暢性の感覚自体が快であるとする説明もある。この説明を提出したウィンキルマンとカシオッポ（Winkielman & Cacioppo, 2001）の研究では，判断対象としてニュートラルなターゲット刺激が参加者に呈示された。実は，そのターゲット刺激呈示の前に，参加者はターゲット刺激と同じ刺激あるいは異なる刺激を，知覚できないくらい短時間で呈示されていた。前者の条件では，参加者は気づかないうちに同じ刺激を繰り返し呈示されたことになる。参加者の感情反応について検討するために，顔の皮膚電位を測定したところ，刺激が繰り返し呈示された条件の方が，そうでない条件よりも，ポジティブ感情を示す表情反応をした。このことは，同じ刺激に繰り返し接触するとポジティブ感情が生じることを示唆している。

それでは，知覚的流暢性は商品選択に対してどのような影響を及ぼすのだろうか。松田・楠見・山田・西（2006）は，サウンドロゴを用いてこのことを検討している。サウンドロゴとは，「テレビやラジオのCMにおいて，商品名・企業名・電話番号など消費者に印象づけたいものをコピー文にして，メロディに乗せて歌にしたもの」（p.1）である。実験では，サウンドロゴの呈示回数が異なる実験条件が設けられた（0回・1回・3回・5回）。また，サウンドロゴに用いるメロディの親近性（聴きやすさ，馴染み深さ）の高い条件と低い条件も設けられた。その上で商品名に対する評価を実験参加者にたずねたところ，サウンドロゴの反復呈示とメロディの親近性が商品名に対する安心感や好意度を高めていた。またこれらの安心感や好意度は購買意図の上昇をもたらしていた。

上記の研究知見は，CM視聴の際ばかりではなく，商品購買場面においても，消費者が繰り返し同じブランド名や商品名に接触することで，その商品の購買意図が高まる可能性を示唆している。

■検索容易性によって商品評価が高まる

　もう一つ，商品選択に影響を与える主観的感覚について説明しよう。ある対象について記憶している材料を想起する際の容易さ（検索容易性）は，その対象の判断の際，情報として用いられて判断に影響を与える（Schwarz et al., 1991）。このことについて検討するため，ワンケたち（Wänke, Bohner, & Jurkowitsch, 1997）は商品広告を用いて研究を実施した。

　研究では，BMW車の印刷広告を4種類準備した。どの広告にも「BMWかメルセデスか？」というヘッドラインが記載されていたが，それに続く文章が異なっていた。たとえば，広告の一つには「BMWを選ぶのには多くの理由がある。あなたは1個挙げることができるか」という文章が記載されていた。研究者たちはこの文章の一部を変更し，「選ぶ理由／選ばない理由」と「1個／10個」を組み合わせて4種類の広告を作成した。そして参加者にはそのいずれかを呈示した。広告呈示後，参加者にBMW車のブランド評価についてたずねたところ，選ぶ理由に対して10個と記載されていた場合の方が，1個と記載されていた場合よりもBMW車に対する評価が低かった。対照的に，選ばない理由に対して10個と記載されていた場合の方が，1個と記載されていた場合よりもBMW車に対する評価が高かった。

　選ぶ理由を1個挙げるのは容易に感じられるが，10個挙げるのは困難に感じられる。参加者がブランドを評価する際，そうした感覚が判断に用いられたため，BMW車に対する評価は1個条件の方が高くなったと考えられる。選ばない理由の場合も同様に，選ばない理由を1個挙げるのは容易に感じられるが，10個挙げるのは困難に感じられる。選ばない理由がなかなか思いつかないのは，BMW車が良い商品であるためとみなされ，10個条件の方がBMW車の評価が高くなったのであろう。

　ある商品を選ぶ理由をたくさん挙げられる方が，わずかしか挙げられないよりも，その商品に対する好意度が高いと一般的には考えられる。しかしながら，たくさんの理由を挙げることに困難感が伴うとすれば，かえってその商品に対する好意度が低くなってしまうのである。

　もしも，ショッピング中に欲しいと思う物があったなら，その商品がなぜ良いと思うのか，あるいはなぜその商品が必要だと思うのか，理由を10個挙げて

みよう。もしかすると10個も理由が思いつかず,気がつくと,もうその商品を欲しいとは思わなくなっているかもしれない。

ここまで,商品に対する判断や商品情報の処理に対して感情が与える影響を考えてきた。そろそろこのあたりで冒頭のシーンに戻ることにしよう。あなたはハイブランドショップの中にいる。美しく魅力的に思えた商品は,今どのようにあなたの目に映っているだろうか。今も商品それ自体から,ポジティブ感情を感じることができるだろうか。そうであるならば,その感情を情報として利用し,最も良いと感じる商品を選択しよう。それは合理的で適切な感情の利用方法である。

しかし,この章を読んだあなたには,すでに商品が先ほどとは違ったものに見えているかもしれない。

引用文献

Batra, R., & Stayman, D. M. (1990). The role of mood in advertising effectiveness. *Journal of Consumer Research, 17*, 203-214.

Bower, G. H. (1981). Mood and memory. *American Psychologist, 36*, 129-148.

Bornstein, R. F., & D'Agostino, P. R. (1992). Stimulus recognition and the mere exposure effect. *Journal of Personality and Social Psychology, 63*, 545-552.

Fiedler, K. (2001). Affective influences on social information processing. In J. P. Forgas (Ed.), *Handbook of affect and social cognition* (pp. 163-185). Mahwah, NJ: Lawrence Erlbaum Associates.

Forgas, J. P. (1995). Mood and judgment: The affect infusion model (AIM). *Psychological Bulletin, 117*, 39-66.

Forgas, J. P. (2001). The Affect Infusion Model (AIM): An integrative theory of mood effects on cognition and judgments. In L. L. Martin & G. L. Clore (Eds.), *Theories of mood and cognition: A user's guidebook* (pp. 99-134). Mahwah, NJ: Lawrence Erlbaum Associates.

深田博己 (1975). 恐怖喚起と説得:防衛的回避仮説の再検討 実験社会心理学研究, 15, 12-24.

Keller, P. A. (1999). Converting the unconverted: The effect of inclination and opportunity to discount health-related fear appeals. *Journal of Applied Psychology, 84*, 403-415.

Kusumi, T., Matsuda, K., & Sugimori, E. (2010). The effects of aging on nostalgia in

consumers' advertisement processing. *Japanese Psychological Research, 52,* 150-162.
Lewis, I., Watson, B., & White, K. M. (2008). An examination of message-relevant affect in road safety messages: Should road safety advertisements aim to make us feel good or bad? *Transportation Research Part F: Traffic Psychology and Behavior, 11,* 403-417.
松田憲・楠見孝・山田十永・西武雄 (2006). サウンドロゴの反復呈示とメロディ親近性が商品評価に及ぼす効果 認知心理学研究, *4,* 1-13.
Petty, R. E., & Cacioppo, J. T. (1986). The elaboration likelihood model of persuasion. In L. Berkowitz (Ed.), *Advances in experimental social psychology, Vol. 19* (pp. 123-205). New York: Academic Press.
Schwarz, N. (1990). Feeling as information: Informational and motivational functions of affective states. In E. T. Higgins & R. M. Sorrentino (Eds.), *Handbook of motivation and cognition: Foundations of social behavior, Vol. 2* (pp. 527-561). New York: Guilford Press.
Schwarz, N. (2012). Feelings-as-information theory. In P. A. M. Van Lange, A. W. Kruglanski, & E. T. Higgins (Eds.), *Handbook of theories of social psychology* (pp. 289-308). Thousand Oaks, CA: Sage Publications Ltd.
Schwarz, N., Bless, H., Strack, F., Klumpp, G., Rittenauer-Schatka, H., & Simmons, A (1991). Ease of retrieval as information: Another look at the availability heuristic. *Journal of Personality and Social Psychology, 61,* 195-202.
Schwarz, N., & Clore, G. L. (1983). Mood, misattribution, and judgments of well-being: Informative and directive functions of affective states. *Journal of Personality and Social Psychology, 45,* 513-523.
Winkielman, P., & Cacioppo, J. T. (2001). Mind at ease puts a smile on the face: Psychophysiological evidence that processing facilitation elicits positive affect. *Journal of Personality and Social Psychology, 81,* 989-1000.
Wänke, M., Bohner, G., & Jurkowitsch, A. (1997). There are many reasons to drive a BMW: Does imagined ease of argument generation influence attitudes? *Journal of Consumer Research, 24,* 170-177.
Yeung, C. W. M., & Wyer, R. S. (2004). Affect, appraisal, and consumer judgment. *Journal of Consumer Research, 31,* 412-424.

(田中知恵)

9章 理由なき購買？
消費者の潜在的情報処理

　最高の品質のものはどれ？——と書かれた看板のもと4つのストッキングがテーブルに並んでいる。これは，アメリカのあるスーパーマーケットで実施された消費者実験の光景である[1]。調査員は近づいてきた買い物客に「品質が一番良いと思うストッキングを1つ選んでください」と頼んだ。実験に参加した買い物客は52名。実験の結果，横一列に並べられた4つのストッキングは，左から順にそれぞれ，参加者の12％，17％，31％，40％に選ばれた。さらに，「どうしてそれを選んだのですか」と調査員が理由をたずねたところ，生地や伸縮性が良いからといった品質に着目した理由が数多く返ってきた。こうした理由からはストッキングの素材や作りが参加者の判断の決め手となっていたと言えそうである。しかし，実はこの実験，ある仕掛けが施されていた。これら4つのストッキングは全て同じものだったのである。さて，実際には全く同じであるにもかかわらず品質で選んだと回答するとは，買い物客たちはウソをついていたのだろうか。

1．購買理由はあてにならない

　どうして買ったんですか。どんなものが欲しいんですか。商品を買った理由や買いたい理由をたずねたりたずねられたりすることは生活の中で少なくない。当然ながら，こうした質問がおこなわれるとき，質問に回答する人が，商品をどのように選んだのか，また，どのように評価したのか，選択や評価に至るプロセスを正確に把握していることが前提となってくる。

ほとんどの場合，理由をたずねられた消費者は，それほどの苦もなく理由を述べることができる。しかしながら，消費行動を含め，社会的行動に対して本人が説明する理由を調べた実証研究からは，本人が偽りなく回答したつもりの理由が実際の行動の規定因とかならずしも一致しないことが数多く報告されている（Nisbett & Wilson, 1977）。つまり，本人の考える行動や判断の決め手が実際の決め手となっていない場合があるのである。なぜだろうか。ここには，商品選択や商品評価の際に，消費者の情報処理が備えもつある性質が関連してくる。それは，消費者の情報処理が自動的，また無自覚に消費行動を導くという性質である。しばしば消費者があてにならない理由を報告するのは，行動や判断が本人にも自覚されない潜在的な情報処理過程に方向づけられていること，そして，そのために自分の行動や判断を実際とは異なる因果関係に基づいて解釈してしまうことをあらわしているのである。

■ストッキング実験

冒頭のストッキング実験に戻ろう[2]。まず，実験に参加した買い物客がどのようにストッキングを選んだのかを確認する。4つのストッキングの選択率を比較すると，右に置かれたものほど選ばれていることから，商品の置かれた位置が選択に強く関連していたことがわかる。実験を実施したウィルソン[3]とニスベットによれば，この陳列位置による選択の偏りは，参加者がストッキングを選ぶときに採用した選択方略によってもたらされたと解釈される。実験では，ストッキングは左から順にA，B，C，Dとラベルがついており，参加者はアルファベット順に左からストッキングを手に取りやすい状況であった。こうしたなか，参加者の多くは左から順番に見ていき，最後にDのストッキングを手にすることになる。このとき，特に問題を感じなければ，手前の3つのストッキングに戻る必要もないので，そのままDが選ばれやすくなる。もし何か気になるところがあれば，1つ手前のCに戻り，問題を感じなければ，Cを選ぶ。もしCにも引っかかれば，また手前のストッキングに戻る…といった方略である。こうした方略がとられたことによって，実験全体で，右に置かれたストッキングほど選ばれやすくなった，と解釈された。

ここで重要なのは，参加者本人がこうした選択方略をとっていたことを自覚

していたわけではない，という点である。理由をたずねられたとき，自発的に商品の置かれた位置に言及した参加者は1人もいなかった。それだけでなく，「位置が選択に影響したと思うか」と，位置による影響を受けた可能性について直接たずねられても，ほとんど全員がその可能性を否定した[4]。実験に参加しているあいだ，大半の参加者たちは，ストッキングを手に取り，引っ張ったり，つま先や踵の辺りを確認したり，指先でもんだりするなどして，ストッキングを丹念に確認していたことが報告されている。そして，こうした選択時に見せていた行動と符合するかのように，参加者たちは，生地などの物理的な特性に着目して自分は選んだ，と回答したのであった。

　この結果について，ウィルソンらは，参加者は，ストッキングの置かれた位置と自らの選択が強い関連をもっていたにもかかわらず，その自覚がなかったため，自分の選択をもっともらしく説明できる理由を作り上げたのではないか，と解釈している。この実験状況において，ストッキングの品質ほど，自分の選択を左右するようにみえる要因は見つからないだろう。参加者は自分の選択をいかにも左右しているようにみえるストッキングの品質に注目し，それが選択の決め手になったに違いないと考えた，と解釈される。ウィルソンらは，他にもいくつかの実験を実施し，人間は自らの行動と判断が受ける影響について極めて不正確にしか理解しておらず，実際とは異なる因果関係に基づいて，自らの行動と判断を説明することがあることを実証している。

■誤帰属

　「この商品を選んだのは品質がよいからだ」といったように，行動の原因をなんらかの要因にもとめること，つまり「～のせいにする」ことを帰属とよぶ。しかし，ストッキング実験でみたように，人間は自分の行動の原因を正しく帰属することができない場合がある。行動の原因を特定することに失敗し，実際には異なる要因に帰属することを誤帰属（misattribution）とよぶ。

　誤帰属が起こるとき，正確に原因を特定できた場合にはみられなかっただろう行動や判断が生じる可能性が高まる。山田・外山（2010）は，洗濯洗剤の選択課題をもちいて，誤帰属がその後の選択に与える影響を検討した。具体的には，消費者が，無意識のうちに好意的な印象をもつようになったロゴが印刷さ

れた洗剤を見たとき，その好ましい印象の源泉を「ロゴ」ではなく「洗剤の効能」に誤帰属すると，洗剤の選択にどのような影響が生じるかを検証した。

実験では20種類の洗剤ロゴを用意し，まず，これらのロゴをPC画面上で繰り返し呈示することで，実験参加者が特定の洗剤ロゴを選好するように誘導した。これは，繰り返し見聞きした対象への好意が高まる単純接触効果（mere exposure effect; Zajonc, 1968）とよばれる現象を用いた選好の操作である。半数のロゴを多く，残り半数を少なく呈示し，参加者が多く呈示されたロゴを選好するようになることを狙った。

次に，これらのロゴがパッケージに印刷された実物様の洗剤を用意した。計20種類の洗剤は，呈示回数の多かったロゴが印刷された洗剤1つと呈示回数が少なかったロゴが印刷された洗剤1つを組み合わせ，10のペアにされた。つまり，ロゴの呈示回数が異なる2つ洗剤をペアにすることで，ペアのなかで，ロゴの呈示回数が多かった洗剤がより魅力的に感じられるようにした。実験参加者はペアにされた2つの洗剤を受け取り，「どちらを購入したいか」と一方の洗剤を選択するように求められた。選択が終わると，次のペアが渡され，計10回の選択が行われた。なお，このとき，ロゴだけでなく，「強力な殺菌と抗菌力で清潔さを保つ」などといった洗剤の効能についてのメッセージも印刷されたパッケージデザインの洗剤で比較する条件（メッセージあり条件）と，ロゴの印刷だけからなるパッケージデザインの洗剤で比較する条件（メッセージなし条件）が設定された[5]。この実験操作は，メッセージあり条件の参加者に，洗剤の魅力の源泉を「ロゴ」ではなく「メッセージ」に誤帰属させることを狙っておこなわれた。

実験の結果，どちらの条件でも，実験参加者はロゴの呈示回数が多かった洗剤を，購入したい洗剤としてより多く選ぶことが確認された。これは，参加者が，単純接触効果によって好ましい印象がより強まったロゴをもつ洗剤を好むようになったことをあらわす。ただし，この傾向はメッセージなし条件よりもメッセージあり条件において顕著に確認された。すなわち，メッセージなし条件では，ロゴの呈示回数の多かった洗剤は59%の確率で選ばれたのに対して，メッセージあり条件では71%の確率で選ばれた。

さらに，メッセージあり条件の参加者には，ロゴとメッセージのどちらが選

択の決め手となったのかをたずねたが，メッセージを決め手としたと回答する傾向が確認された。また，メッセージについても評価を求めたが，同じメッセージであっても，ロゴの呈示回数が少ない洗剤に添えられた場合より，呈示回数が多い洗剤に添えられたときに，そのメッセージの内容が肯定的に評価された。これらの結果は，実際にはロゴが洗剤の魅力を高めたにもかかわらず，実験参加者は，洗剤の効能が魅力の源泉であると誤帰属を起こしたことを意味する。

では，なぜ，このように誤帰属を起こしたメッセージあり条件の参加者は，メッセージなし条件の参加者よりも，ロゴの呈示回数の多かった洗剤を選択する傾向を高めたのだろうか。別のサンプルを用いた予備調査では，洗剤を購入するとき，見た目のデザインよりも，洗剤の効能を重視すべきであると広く考えられていることが確認されている。こうした予備調査の結果を考慮に入れると，メッセージあり条件の参加者は，メッセージを重視して選択したという考えをもつことで，その洗剤を選択する良い理由を得ることになったと推測される。あたかも「賢い消費者」のように洗剤の効能に基づいて選んでいるという見せかけの理由が手に入ったことで，ロゴの反復呈示によって魅力が高まった洗剤の選択が後押しされたのだと考えられる。

広告などで製品を繰り返し露出することで消費者の選好に影響を与える試みは少なくない。この研究からは，そうした広告から受ける影響を消費者が自覚できないことがあること，また，広告の隠れた力に誘導された好みを実際には異なるもっともらしい理由に基づいて正当化してしまい，そのことによって，広告から受ける影響が強まる可能性があることが示唆される。

2．自動的な心，自覚されない心

消費行動だけでなく，対人認知，投票行動，健康行動など広範囲にわたる研究領域において，人間の行動や判断が，潜在的な情報処理過程に支えられていることが報告されている（Gawronski & Payne, 2010）。これらの研究で報告される行動や判断は，「自動的（automatic）」や「無意識的（unconscious）」といった言葉で記述されることが多い。いずれも情報処理の潜在的な側面をあらわ

す言葉であるが,それぞれがいったいどのような心の働きをあらわすのかを明確にすることは重要である。

潜在的情報処理過程をめぐる研究の源流を辿ると,大きく2つの研究の流れにたどりつく。1つが注意研究で,もう1つが潜在記憶研究である。それぞれの研究内容を探ることで,「自動的」や「無意識的」という言葉であらわされる心の働きを理解するのに役だつだろう (Payne & Gawronski, 2010)。

■注意研究

自動車を運転するとき,初心者は運転操作に集中する必要があるが,熟練運転手ともなれば,同乗者と会話しながら問題なく運転することができる。人間が情報処理をおこなうとき,一定の注意資源[6]が必要となるが,何度も繰り返し処理することで,次第にその処理に必要な注意資源が減少し,最終的にはほとんど注意資源を必要としない状態に達することができる。このような注意資源を必要としない情報処理を自動的処理 (automatic processing) とよぶ。自動的処理は,習熟することで一度に多くの情報を処理でき,また,意図的なコントロールから離れておこなわれるという特徴がある。それに対して,注意資源を必要とする処理のことを統制的処理 (controlled processing) とよぶ。統制的処理は一度に処理できる情報に制限があり,意図的に処理を開始したり変更したりする特徴がある (Shiffrin & Schneider, 1977)。

自動的処理と統制的処理に関する先駆的な実験をおこなったのは,シュナイダーとシフリンである (Schneider & Shiffrin, 1977)。ここでは彼らの実験を簡略化して説明する。まず,彼らは実験参加者に「J」や「8」などの文字を「ターゲット文字」として記憶させた。そして,「G・K・M・F」,「B・M・K・J」などの文字からなる「文字系列」を視覚的に呈示した。実験参加者は,文字系列が呈示されるたびに,その中にターゲット文字が含まれているかどうかを判断することを求められた。なお,実験では,文字数や文字の種類の違いによって,複数の条件が設定された。

実験の結果,たとえば,「J」を「J・F」や「B・M・K・J」から見つけ出すように,アルファベットをアルファベットの中から見つける場合,文字系列の文字数が増えると成績は著しく低下した(判断に時間がかかった)。それ

に対して，「J」を「J・7」や「5・1・8・J」から見つけ出すように，アルファベットを数字の中から見つける場合，文字系列の文字数が増えても，成績への影響はほとんどなかった。

シュナイダーとシフリンは，こうした結果について，同じ文字カテゴリーの場合，ターゲット文字を文字系列の文字と1つずつ比較する，統制的処理がおこなわれたため，探索対象の文字数が増えるほど時間が長くなったのに対して，異なる文字カテゴリーの場合，いくつかの文字を同時的・並行的に探索する，自動的処理がおこなわれたため，探索対象の文字数で成績に大きな影響が生じなかったと考えた。数字とアルファベットを瞬時に見分けることができるのは，生活の中で数字とアルファベットについて十分な学習がなされているからである。そのことが自動的処理を可能にしたと考えられる。

さらに，シフリンとシュナイダーは同様の課題をもちいた実験をおこない，膨大な試行を繰り返すと，最初は統制的に行われた処理が自動的な処理に移行していくことを確認している（Shiffrin & Schneider, 1977）。これらの研究知見は，自動車の運転と同じく，十分な訓練によって，情報処理が自動的になることを示している。

今や，こうした「自動—統制」という枠組みは消費行動を含む社会的行動の分析に広く適用される。たとえば，ファジオは，態度研究にこの枠組みを適用した（Fazio, 1999）。ファジオによると，態度は2つのプロセスを通して行動に影響を与える。1つは自発的なプロセスで，もう1つは熟慮的なプロセスである。自発的なプロセスは，態度対象に接したときに活性化した態度が自動的に行動に影響を与えるプロセスをさす。熟慮的なプロセスは，コストとベネフィットを分析したり，利用できる情報を吟味したりすることを通して，意図を定め，行動をおこなうプロセスをさす。それぞれ自動的処理と統制的処理に相当すると言えるだろう。

実証研究をみてみよう。サンボンマツとファジオは，実験参加者に，カメラ売り場はネガティブに記述されているが様々な商品売り場が全体的にポジティブに記述されたデパートAと，カメラ売り場はポジティブだが全体的にネガティブに記述されたデパートBの情報を与えた。そして，カメラを買うならどちらのデパートを選ぶかをたずねた（Sanbonmatsu & Fazio, 1990）。冷静に考えれ

ば，良いカメラ売り場があるデパートBを選べばよさそうである。しかし，実験の結果では，デパートBを選ぶ人の割合は，実験参加者が割り振られた実験条件で大きく変化した。制限時間なしでデパートを決めることができ，かつ，後で自分の決定の妥当性を実験者に説明をしないといけないと言われた実験条件で，デパートBを選ぶ傾向がもっとも強くなった。これに対し，急いで決めないといけなかったり，自分の決定を説明しなくてもかまわなかったりすると，デパートBを選ぶ傾向が低下した。これらの条件に割り振られた参加者では，デパート全体に抱いた態度やイメージに基づいた自動的な判断があらわれやすかったといえる。熟慮的な判断プロセスが実行されるには，慎重な情報処理をおこなうモチベーションと機会が必要であり，それらが十分でない場合，自発的なプロセスが優勢になりやすい，とファジオらは考えている。

■潜在記憶研究

　潜在的情報処理研究のもう1つの源流は，潜在記憶（implicit memory）研究である。潜在記憶とは，想起意識がないのに過去の経験が行動や判断に影響を与えることをさす。潜在記憶研究は，注意研究とは異なり，「(無)意識」という経験的側面に力点をおいて情報処理過程をとらえる。
　ワリントンとワイスクランツは，健忘症患者と健常者に，単語リストを学習させたあと，2種類の記憶テストをおこなった（Warrington & Weiskrantz, 1974）。1つは再認[7]課題であった。学習段階で呈示された単語と呈示されなかった単語が混ざり合った検査リストから，学習段階で呈示された単語を選ぶという課題である。もう1つは単語完成課題であった。「tab」など特定の単語の最初の3文字を手掛かりとして与え，後ろに文字を付け加えることで，単語を完成させるという課題である。手掛かり語は「table」など学習段階で呈示された単語から作られた。重要なのは，この課題では「学習した単語を思い出して回答するように」とは言わずに「何でもよいので最初に頭に浮かんだ単語で回答するように」という教示を与える点である[8]。「tab」で始まる単語には「table」のほか「taboo」などがあるが，「table」が単語リストに含まれていれば，「table」と回答するのが，この場合の「正解」となる。いくつもの候補があるなかで学習した単語を使って回答したということで，学習時の記憶が回答

に影響を及ぼした証拠とみなすわけである。

　実験の結果，再認課題では，健忘症患者の成績は健常者より大きく劣り，発症後に学習した新しい情報を想起できないという，健忘症患者に典型的な結果が得られた。それに対して，単語完成課題では，健忘者患者は健常者と同等の成績を示した。新しい情報を学習することが不可能であると考えられていた健忘症患者が健常者と同程度に，学習時の記憶の影響を受けたと解釈される。

　潜在記憶研究の大きな貢献は，無自覚のうちに記憶が行動に影響するという，情報処理の無意識的な特徴を明らかにしたことである。なお，潜在記憶は「想起意識を伴わない記憶」であり，「想起できない記憶」ではない点を確認しておきたい。健常者にも影響が確認されたように，「意識的に想起しない」ときに記憶の影響が行動にあらわれることが潜在記憶の特徴であり，「想起できない」のは健忘症患者特有の症状である。

　今や潜在記憶研究における無意識的な心の働きの発見は，態度，ステレオタイプ，自尊心といった社会心理学の研究に広く取り入れられている。グリーンワルドとバナジは，社会的対象に対する感情，思考，行為に無意識的に影響を与える過去経験の痕跡を潜在的態度（implicit attitude）とよんだ（Greenwald & Banaji, 1995）。たとえば，単純接触効果研究では，反復呈示した刺激は，再認されなくても，好みをたずねると選好される（好きな選択肢として選択される）ことが確認される（Kunst-Wilson & Zajonc, 1980）。当該対象と接触した経験を想起できなくとも選好に影響を与えることから，単純接触効果は潜在的態度の一例と考えられる。

3．何を自覚できていないのだろうか？

　自動的で自覚のない情報処理過程が消費行動を方向づけているということに，読者はある種の不安や気味悪さを感じるのではないだろうか。望んでもいない商品を買わされてしまったりしていないだろうか，と。

　消費行動において「自覚」が重要になるのは，それが消費者の自律の問題に深く関わるからである。ほとんどの消費者は，自分の欲求や意志に反した選択や判断をすることを望まないだろう。しかし，広告など，外部の環境から望ま

図9-1　消費行動の自動的過程モデル　出所：Chartrand（2005）

ざる影響をうけていたり，自分が望んでいない情報処理が選択や判断を方向づけているとき，そのことを自覚できなければ，そうした問題に対処することは困難になる。それに対して，望まざる影響や望まざる処理過程を自覚できれば，これらの問題に対処する道が開ける。このように，どのような刺激を受け，どのような情報処理がなされ，最終的にどのような結果が生じるのかについての自覚は，消費者のその後の反応を決定づける鍵となると考えられる。

　消費者の自覚の問題について考えるとき，「何について自覚がないのか」を明確にすることが重要である。「自覚がない」という点だけが強調されてしまうと，消費者が「どんな刺激にさらされているのか」も「それをどのように情報処理したのか」も「どんな結果が生じたのか」も区別されず，これらすべてに自覚がないかのような誤解を与える可能性があるからである。

　チャートランドは，自動的な情報処理過程が関わる消費行動を3つのステージに分け，ステージごとに消費者の自覚を検討することの有効性を主張した（Chartrand, 2005；図9-1）。以下，彼女の自動的過程モデルに従って，消費行動と消費者の自覚の関係について考えていく。

　まず，彼女のモデルでは，消費者が刺激を受け取り，選択や判断など，何らかの結果が起こるまでの一連の行動プロセスが，「環境特性」→「自動的過程」→「結果」の3ステージに分けられる。

　環境特性は，自動的過程を駆動させる特性をもつ環境刺激である。ブランド情報，他者の存在，社会的な規範などが含まれる。次の自動的過程は，引き金となる刺激を受けとったことで自動的に駆動する情報処理過程である。態度の活性化，自動的に生じる感情などがあげられる。結果は，まさに最終的にあらわれる選択，評価などである。

　チャートランドによれば，消費行動においてもっとも典型的にみられるのは，

自動的過程に対する自覚が欠ける一方で，環境特性と結果のそれぞれには自覚があるという状況である。冒頭のストッキング実験を例にあげれば，買い物客はストッキングやその配置関係自体は認識できていたはずであり，環境特性については自覚ができていたといえる。しかし，買い物客はストッキングの配置位置に依存する選択方略をとっていたことに気がついていなかったので自動的過程については自覚がなかった。そして，買い物客は自分がどのストッキングを選んだかについても認識しているので，結果についても自覚していた，といえる。

　このように3つのステージごとに消費者の自覚を分析することは，望まざる影響や望まざる処理過程に向けた消費者による対処方法や対処可能性を考えるうえで役立つ。まず，環境特性に対する自覚についてみてみよう。望まざる影響をもたらす刺激の存在を自覚できる場合，消費者はその環境特性を避けることなどを通して，問題に対処することができる。しかし，その存在にさえ気づくことができなければ，対処はできない。

　次に，自動的過程に対する自覚についてはどうだろうか。多くの場合，刺激を受け取ることによって自動的に駆動するこの情報処理過程自体は自覚されない。たとえば，広告に起用されたタレントの人種（環境特性）は，その人種に対する態度を活性化させて（自動的過程），商品評価に影響を与える（結果）が[9]，この一連の過程において消費者が自覚できるのは，最初に呈示されたタレントの人種（環境特性）と，商品評価時に経験される感情である（結果）。自動的過程の働きは，それがもたらす結果を通して，うかがい知れるような性質のものといえる。ただし，誤帰属の項でみたように，結果がどのような刺激，また，どのような情報処理過程によってもたらされているかについて，人はしばしば誤った推測をしてしまうという問題が残るだろう。

　最後に，結果についての自覚はどうだろうか。すでに述べたように，どのような選択をしたのか，どのような評価をしたのか，そうした結果自体を消費者自身が自覚していない，ということはあまり考えられないだろう。このステージでは，自らの選択や評価が何かしらの影響を受けていないか，また影響を受けているのならどのような影響を受けているのかについて，自覚ができるかどうかが重要となる。結果が受けている影響やその程度を正確に自覚できなけれ

ば，必要がないのに修正してしまう，過剰に判断を修正してしまう，あるいは，修正が不十分になってしまう，といった反応が起こるといえる。

4．無理に理由を考えるとどうなる？

　購入前に商品の好みの理由を熟考することは「より良い買い物」につながるという考えは，一種の社会通念として広く浸透しているといえるだろう。商品が持つさまざまな特徴や機能がどのように，またどの程度，楽しみや快適さをもたらすのかを，あらかじめしっかり把握することができれば，それだけ失敗は減るというわけである。しかし，すでにみたように，人は自分の行動や感情がどのようなことからどのような影響を受けるのか，自覚できないことがある。その場合，理由を熟考しても，より良い決定にたどり着けない可能性が考えられる。

　ウィルソンとスクーラーは，商品の好みの理由を慎重に分析することが商品評価に与える影響を検討した（Wilson & Schooler, 1991）。実験参加者は5種類のジャムを試食し，味を評定することを求められた。参加者は2つのグループに分けられた。1つのグループは，ジャムを試食するさい慎重に好みの理由を分析し，それをシートに記述するように要求された（分析群）。もう1つのグループはそうした要求はされなかった（統制群）。実験で使用したジャムは，「コンシューマー・レポート」[10]という雑誌で専門家によって採点を受けていたものである。慎重に分析することが，個々のジャムの特徴や好みの深い理解につながるとすれば，分析群の評価は専門家の評価に近づくと予想される。しかし，実験の結果，こうした予想とは逆に，分析群の評価は，統制群の評価と比べ，専門家の評価とズレが大きくなることが確認された。

　この結果は，理由を分析することで参加者の好みが混乱したことをあらわすと解釈される。人は，理由を探すとき，いかにも好みを左右するようにみえる特徴や，知覚的に目立つ特徴，また，言葉で表しやすい特徴に注目する傾向がある（Nisbett &Wilson, 1977; Yamada, 2009）。こうした特徴が実際に好みを左右する要因と一致する可能性もあるが，一致しない場合，自分の好みに重要ではない偏った特徴に注目することになる。これら一部の偏った特徴に注目してし

まったことで好みが混乱したと考えられる。

　しかし，人の好みが千差万別であると考えれば，専門家の評価とのズレが大きくなったからといって，「好みが混乱した」と結論づけることはできない。専門家の評価とはズレたが，自分なりの基準をみつけ，自分にあうジャムが分かるようになったという可能性も考えられるだろう。この可能性を排除するため，ウィルソンらは，混乱が起こったのなら，あらぬ特徴に注目しやすくなる分析直後に混乱が強く見られるはずだと予測し，分析直後だけでなく，実験参加者の数週間後の様子も追跡調査した（Wilson et al., 1993）。実験材料には，ゴッホの「アイリス」とモネの「睡蓮」のアートポスター2種類と，動物などがユーモラスに描かれたポスター3種類が使われた。実験参加者は，ジャムの実験と同じく，慎重に好みの理由を分析するよう教示を受けるグループ（分析群）と，そうした教示を受けないグループ（統制群）に分けられた。こうした教示のもと，参加者たちは5枚のポスターを評価し，気に入ったものを1枚選んで，家に持ち帰った。

　実験の結果，分析群と統制群が選ぶポスターに大きな違いが生じた。統制群では98％もの人がアートポスターを持ち帰ったのに対して，分析群でアートポスターを持ち帰ったのは64％にとどまったのである。さらに，数週間後に持ち帰ったポスターにどのくらい満足しているかを測定したところ，分析群の満足感は統制群よりも低いことが確認された。これらの結果は，分析群は，分析直後に一時的に好みを混乱させてアートポスターを選びにくくなり，ユーモラスなポスターを選んだが，その後，時間の経過とともに混乱がおさまったことで，持ち帰ったポスターに満足しにくくなったことをあらわすと考えられる。

　ただし，理由の分析は常に好みを混乱させるわけではない。たとえば，探索財より経験財において混乱が生じやすい。探索財とは，パソコンやテレビのような，商品を構成する個々の客観的な属性（CPUの性能，メモリ数など）で優劣や良し悪しが決まりやすいタイプの財をさし，経験財とは，食品や美術作品のような，優劣や良し悪しが個々の属性によって定めにくく，全体的な印象が重要になるタイプの財である（Hamilton & Thompson, 2007）。分析的な思考を求めると，人は対象を要素に分割して吟味する傾向を高めるため（Dijkstra, van der Pligt, van Kleef, & Kerstholt, 2012），理由を分析するという方法は経験

財の良し悪しを明確にする方法として適合しないのだと考えられる。分析的に評価するのが適さない対象について，無理に理由を考えると，好みが混乱しやすくなるといえるだろう。

注

1. Wilson & Nisbett（1978）
2. 便宜的に「ストッキング実験」とよぶ。
3. バージニア大学教授。社会心理学者。代表作に『自分を知り，自分を変える——適応的無意識の心理学』。
4. 参加者のうち1名がストッキングの位置によって影響を受けた可能性を認めた。この参加者は，心理学の授業を履修しており，順序の効果についての知識をもっていたという。
5. メッセージあり条件で使用する洗剤のペアに添えられるメッセージは，事前調査で魅力が等しいことが確認されたものを使用し，メッセージの良し悪しで2つの洗剤の魅力に違いが出ないようにした。
6. 運転初心者の例が示すように，人間が一度に意識的に処理できる情報の量には制限があり，人間の情報処理は有限な心的な資源に基づいておこなわれると考えられる。「注意」はこうした心的な資源を「運転」や「会話」といった複数の情報処理に分配する心の働きをさす。また，それぞれの処理に分配される資源をあらわす言葉としても使用される。この章では文意を明確にするため，処理資源としての注意を「注意資源」とよぶ。
7. ある対象を知覚したときに，それが過去に知覚したものと同じであると分かることを「再認」という。たとえば，過去に見聞きした言葉や図形を再び見たときに，そのことが分かることをあらわす。
8. ワリントンらのオリジナル論文には教示文が明記されていないため，ここでは単語完成課題における標準的な教示を記した（藤田，1999）。
9. Brunel, Tietje, & Greenwald（2004）
10. アメリカの月刊誌。商品テストの結果がレポートされる。

引用文献

Brunel, F. J., Tietje, B. C., & Greenwald, A. G. (2004). Is it implicit association test a valid and valuable measure of implicit consumer social cognition? *Journal of Consumer Psychology, 14*, 385-404.

Chartrand, T. (2005). The role of conscious awareness in consumer behavior. *Journal of*

Consumer Psychology, 15, 203-210.
Dijkstra, K. A., van der Pligt, J., van Kleef, G. A., & Kerstholt, J. H. (2012). Deliberation versus intuition: Global versus local processing in judgment and choice. *Journal of Experimental Social Psychology, 48,* 1156-1161.
Fazio, R. H., & Towles-Schwen, T. (1999). The MODE model of attitude-behavior processes. In S. Chaiken, & Y. Trope (Eds.), *Dual process theories in social psychology* (pp. 97-116). New York: Guilford Press.
藤田哲也 (1999). 潜在記憶の測定方法 心理学評論, *42,* 107-125.
Gawronski, B., & Payne, B. K. (Eds.) (2010). *Handbook of implicit social cognition: Measurement, theory, and applications.* New York: Guilford Press.
Greenwald, A. G., & Banaji, M. R. (1995). Implicit social cognition: attitudes, self-esteem, and stereotypes. *Psychological Review, 102,* 4-27.
Hamilton, R., & Thompson, D. (2007). Is there a substitute for direct experience? Comparing consumers' preferences after direct and indirect product experiences. *Journal of Consumer Research, 34,* 546-555.
Kunst-Wilson, W. R., & Zajonc, R. B. (1980). Affective discrimination of stimuli that cannot be recognized. *Science, 207,* 557-558.
Nisbett, R. E., & Wilson, T. D. (1977). Telling more than we can know: Verbal reports on mental processes. *Psychological Review, 8,* 231-259.
Payne, B. K., & Gawronski, B. (2010). A history of implicit social cognition: Where is it coming from? In B. K. Payne, & B. Gawronski (Eds.), *Handbook of implicit social cognition: Measurement, theory, and applications* (pp. 1-18). New York: Guilford Press.
Sanbonmatsu, D. M., & Fazio, R. H. (1990). The role of attitudes in memory-based decision making. *Journal of Personality and Social Psychology, 59,* 614-622.
Schneider, W., & Shiffrin, R. M. (1977). Controlled and automatic human information processing: I. Detection, search, and attention. *Psychological Review, 84,* 1-66.
Shiffrin, R. M., & Schneider, W. (1977). Controlled and automatic human information processing: II. Perceptual learning, automatic attending and a general theory. *Psychological Review, 84,* 127-190.
Warrington, E. K., & Weiskrantz, L. (1974). The effect of prior learning on subsequent retention in amnesic patients. *Neuropsychologia, 12,* 419-428.
Wilson, T. D. (2002). *Strangers to ourselves: Self-insight and the adaptive unconsciousness.* Cambridge: Harvard University Press. (ウィルソン, T. D. 村田光二 (訳) (2005). 自分を知り, 自分を変える——適応的無意識の心理学 新曜社)
Wilson, T. D., Lisle, D., Schooler, J. W., Hodges, S. D., Klaaren, K. J., & LaFleur, S. J. (1993). Introspecting about reasons can reduce post-choice satisfaction. *Personality and Social Psychology Bulletin, 19,* 331-339.
Wilson, T. D., & Nisbett, R. E. (1978). The accuracy of verbal reports about the effects

of stimuli on evaluations and behavior. *Social Psychology, 41*, 118-131.

Wilson, T. D., & Schooler, J. W. (1991). Thinking too much: Introspection can reduce the quality of preferences and decisions. *Journal of Personality and Social Psychology, 60*, 181-192.

Yamada, A. (2009). Appreciating art verbally: Verbalization can make a work of art be both undeservedly loved and unjustly maligned. *Journal of Experimental Social Psychology, 45*, 1140-1143.

山田歩・外山みどり (2010). もっともらしい理由による選択の促進　心理学研究, *81*, 492-500.

Zajonc, R. B. (1968). Attitudinal effects of mere exposure. *Journal of Personality and Social Psychology, 9*, 1-27.

(山田 歩)

PART 3　消費社会と消費者心理

10章 どうやって背中を押す？
消費者と対人的影響力

　次のような想像をしてほしい。あなたは友人2人と共に，初めてきたレストランでランチプレートを注文しようとしている。メニューは3種類で，違いは，メインが肉，魚，野菜のいずれか，という点だけである。あなたは少し考えて，魚にしようと心に決めた。

　その時，店員が来て注文を尋ねてきた。すかさず友人の1人が魚のランチプレートを注文する。続いて，もう一方の友人が野菜のランチプレートを注文する。あなたは，友人と同じものを注文することがためらわれ，結局，肉のランチプレートを選択することにした。

　このように，料理の注文に他者の選択が影響を与えることがある。もちろん，料理の注文には，その人自身の味の好みや，その時の気分，さらにはお店の雰囲気など，多くの要因が影響するだろう。しかし，決してそれだけではないのである。本章では，消費者の選択や行動に他者が与える影響について解説する。まずは，この例と同様の状況を検討したアリエリーとレバブの研究を紹介しよう。

1．人と同じものを頼めるか？

　アリエリーとレバブ（Ariely & Levav, 2000）は，人が昼食を注文する際，一緒に来た友人と注文が被らないようにする傾向があることを，実証的に明らかにしている。しかし，いったいどのようなデータを用いれば，そのようなことがわかるのだろうか。

彼らはノースカロライナ州にある中華レストランのランチメニューと注文伝票に着目した。このレストランのランチは25種類あり，どの皿もだいたい同じくらいの値段で，量も同じくらいであった。つまり，他者の影響を考慮しなければ，ここでの選択は客個人の好みだけによって決まると考えることができるので，大変分析がしやすいことになる。

　そこで，アリエリーたちは，このレストレランに承諾を得て，注文伝票を6週間にわたり収集した。2人連れ以上の客の注文伝票はテーブル単位で1枚であり，合計で814枚が集まった。

　続いて，この伝票によって，テーブルごとの注文の多様性を，すなわち，どれくらい注文が被っていないかを数値化した。数値は0から1の間で，0であるほど同じ種類のランチを注文しており，1に近づくほどそれぞれ違う種類のランチを注文していることを示す。たとえば，3人テーブルで，全員が同じ種類のランチを注文したら数値は「0」，全員が違う注文をしたら「1」，2人が同じで1人だけ違う場合には「0.5」になる。このようにして，テーブルごとの数値を算出して平均値を求めたところ，値は0.952であり，各テーブルにおける注文の被りがほとんどないことが明らかとなった。

　もちろん，メニューの数が多い場合は，数の多さ自体が原因となって，多様性の数値も高くなる[1]。上述の結果も，その表れではないのか。そう疑問を持つ人もいるだろう。そこで，この0.952という値がどれほど多様であるのかを評価するため，アリエリーたちは，比較対象となる「架空グループ」を設定した。具体的には，814枚の注文伝票，すなわち814テーブルの全2,202名の客について，一人ひとりをコンピュータによって抜き出してランダムに組み合わせ，メンバーの異なる新たな814テーブルを作成した。こうすることで，知り合い同士ではないが，同じテーブルで注文をしたかのような架空グループができあがることになる。そして，この架空グループのランチの多様性の数値の平均値と，実際の知り合い同士のグループの平均値である0.952を比べる。この数値の比較により，実際のグループが，どれほど他者の注文を気にしていたのか，すなわち他者の注文の影響を受けていたのかがわかる。

　以下の図10-1は，814の架空グループを100通り作成し，多様性の平均値を横軸，架空グループの試行数を縦軸にしてグラフにまとめたものである。これ

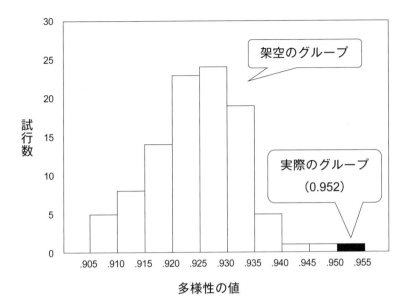

図10-1 結果のグラフ Ariely & Levav (2000) を基に作成。

をみると，どの架空グループよりも，実際のグループはランチの種類が多様であったことがわかる。この結果は，客たちが同じテーブルにいる他者の選んだものを避けていたことを示している。つまり，人と同じものを頼みたくないゆえに，他者とは違う選択肢をあえて選んでいたと考えられる。

　また，アリエリーたちは，別のレストランで，同様の実験をビールの注文で行っている。ただ，先のランチ研究と大きく違うところは，店員が注文を取る際，2つの異なったオーダー方法を採用したことである。半数のテーブルでは，いつもと同じように，店員が一人ひとりから注文を受ける方法であった。つまり，テーブルで最初に注文する人以外は，他の人の注文を聞かされる状況であった。もう半数のテーブルでは，店員が一人ひとりにメニューを配り，他の人と話し合いをせずに注文を決めてほしいという，変わった方法だった。この場合には，客は隣の人がどのビールを注文したのかがわからない。

　その結果，他人の注文がわからない方法で尋ねたテーブルに比べて，他人の注文がわかる方法で尋ねたテーブルでは，注文されたビールの種類が多様であ

った。これは，ランチ研究と同様に，「他人の注文とは被りたくない」と考えた結果である[2]。

加えて，このビール研究では，注文したビールの満足度も尋ねた。その結果，他人の注文がわかる方法で尋ねたテーブルの方が，自らが選んだビールの満足度が低かった。つまり，レストランで普通に行われるオーダーの仕方は，自らの飲み物に対する満足度を低めてしまうのである。これは，他人に影響され，注文が被らないことを第一に考えた結果，自分が本当に飲みたかったものを頼めなかったことが理由である。このことからも，「他人と同じものを注文したくない」という気持ちがどれほど影響していたのかがわかるだろう。

2．対人的影響によって承諾を引き出す方法

アリエリーたちの研究から示されることは，商品・サービスを購入する際，人は他者から影響を受けるということである。そして，このような対人的影響を利用することは，商品・サービスを提供する側にとって大きな「武器」となる。

多くの情報が溢れている現代社会では，企業は商品・サービスを生産するだけでなく，消費者に購入してもらえるよう，積極的に働きかけなければならない。そのため，セールスパーソンたちは，商品・サービスを購入するように顧客を説得し，顧客に承認してもらう必要がある[3]。

そのような承諾の確率を上げるため，セールスパーソンたちは，さまざまな工夫を試みてきた。その試みの中には，対人的影響を巧みに利用したものが多い。チャルディーニ（Cialdini, 2008）は，社会心理学の観点から，それらを「影響力の武器」として6つに分類した。以下では，チャルディーニの議論（Cialdini, 2008, 2016）に基づき，① 6つの影響力の詳細，② それらの影響力が人間に通用する心理的基盤，③ 影響力をさらに高める条件について，順に解説していこう。

■6つの影響力

商品を購入する際，私たちは商品の性能や価格を検討する。そのため，企業

は商品の品質を上げたり，コストを抑えて価格を下げたりするなどして売り上げを伸ばそうとする。それに対し，商品自体の性能や価格を変えることなく売り上げを伸ばす方法として，対人的影響を用いた承諾の技法がある。

この節では，チャルディーニ（Cialdini, 2008）にしたがって，対人的影響力を，「返報性」，「コミットメントと一貫性」，「社会的証明」，「好意」，「権威」，「希少性」の6つに分けて解説する。もちろん，実際の場面では，この6つの影響力のいくつかが組み合わさっていることも多いが，ここでは個別に解説することにしよう。

返報性

他人から受けた行為に対して，自分も同様の行為を返すことを返報性という。たとえば，自分を助けてくれた友人が同じような苦境に陥ったとき，あなたはその友人を助けようとするだろう。

返報性の力は，初対面の相手でも効果的である。それゆえ，個人的な人間関係がないビジネスの世界でも頻繁に用いられる。たとえば，店頭での無料試供品の配布には，その商品を知ってもらうこと以外にも，この返報性を利用したいという販売者側の思惑がある。つまり，最初に試供品のような無料の贈り物をすることで，お返しとして商品を購入してもらうということである。

さらに，この返報性の影響力は，自分と相手のそれぞれの要請の大きさが釣り合っていなくても機能する。そのため，お願いする側は，はじめに拒否せざるを得ないほど過大な要求をしておき，頼まれた側がそれを断った後，それよりは受け入れやすい要求をすることで承諾の確率を上げることができる。頼まれた側からすれば，一度は断ったから，今度はお返しに承諾せざるを得なくなる。このテクニックは，最初の要求をきっぱりと断るイメージから，ドア・イン・ザ・フェイス技法（譲歩的要請法）として知られている[4]。

コミットメントと一貫性

一度表明した自分の意見や決定を変えることに抵抗を覚える人も多いだろう。特にその意見や決定を他者が知っている場合にはなおさらである。以下で述べる承諾の技法は，このような心理傾向を利用している。

たとえば，最初に簡単なお願いを聞いてもらい，その後に似たような，しかし面倒なお願いをする。この場合，2回目の面倒なお願いをいきなり持ち出すよりも，最初に簡単なお願いを聞いてもらった後に頼むほうが，承諾率が高まる。なぜなら，1回目のお願いに対する自分の反応と，2回目のお願いに対する自分の反応に一貫性を持たせようとする心理的な力が働くからである。この技法は，ドアを閉じさせないために靴のつま先を差し入れるという行為になぞらえて，フット・イン・ザ・ドア技法と呼ばれる。

また，これと似た技法として，承諾先取り技法が存在する。この技法は，相手にとって有利な条件で先に承諾を引き出しておき，その後，その有利な条件を取り下げてしまう技法である。お願いをされた側は，一度は承諾をした手前，有利な条件が取り除かれてもそのまま承諾し続ける。なぜなら，承諾を撤回したら，最初の承諾へのコミットメントや一貫性がなくなってしまうからである。たとえば，ある人が車を購入する際，当初は10万円引きという触れ込みに惹かれて購入を決定したところ，購入手続きをしている段階で車内の内装で余計に10万円かかると言われてしまう。もし，事前にこのような状況が知らされていたら，その人はそもそも車を購入しなかったかもしれない。しかし，先に承諾したというコミットメントがあるので，その決定と一貫性を持つように，最初の値引き額よりも10万円高い車を購入してしまうのである。

社会的証明

他人が思っていることや，やっていることに対し，私たちは敏感である。社会的証明とは，「みんなもこう思っている」，「みんなもやっている」という考えに基づく影響力であり，自分の判断や行動を決定する大きな力となる。商品を売り込む際に「みんなも良いと思っています」という情報を呈示する方法は，社会的証明を用いた方法の典型である。

この社会的証明は，次の2つの場面で特に力を持つ。1つは，状況が曖昧で，自分の決定に確信が持てない時である。その際，私たちは他者の行動を参照し，同様に振る舞う傾向にある。もう1つは，自分と他者が似ている時である。たとえば，子どもが玩具で遊んでいる姿を見せる動画は，その玩具を子どもに欲しがるように促す広告として有効だろう。実際，インターネットで閲覧できる

「商品の開封動画（unboxing video）[5]」の中には，個人が自発的に行なっているのか，それとも企業広告であるのかの判断が難しい動画がたくさんある。このような動画は，社会的証明の影響力の大きさを考えると，その是非について議論が必要だろう。

好　意

　自分の好きな人からのお願いであるか，嫌いな人からのお願いであるかによって，引き受けようとする気持ちは異なるだろう。ビジネスの世界でも，お世辞は好意を引き出す基本であり，それを交渉の潤滑油として用いる人も多い。また，好感度の高いテレビタレントが広告に起用されるのはこのためである。説得する側は，好意の力を直感的に知っており，それをさまざまなやり方で引き出そうとする。

　この好意の影響力は，すでになんらかの肯定的な評価をされている対象と，商品・サービスとの心理的な連合によっても生じる。その際，対象と商品が同じカテゴリーに属している必要はない。たとえば，オリンピックに肯定的な印象を抱いている人は多いだろう。そして，オリンピック・イヤーになると，さまざまな関連商品が販売されることに気づくだろう。そのような商品には，スポーツ用品だけでなく，それとは無関係と思われるような商品も少なくない。たとえばお菓子や急須などは，お茶の間で応援するという意味で関連すると強弁することもできるが，それほどスポーツとは関係がないだろう。

権　威

　何か事件や事故が起きると，専門家に意見を求めることがある。私たちは，当該領域の知識がない場合は特に，権威のある人の言うことを信じる傾向にある。

　この影響力において重要なのは，権威を象徴するシンボルである。このシンボルの典型は，肩書き，服装，装飾品の3つである。肩書きとは，専門家であることを示す社会的地位，たとえば「教授」や「医師」などである。服装とは，その職業と関連づけられたものである。たとえば，警備員の制服であるとか，ビジネスパーソンのフォーマルスーツなどが該当する。装飾品とは，高級外車

やブランド時計などの高い社会的地位を示すようなものである。これらの特徴は，それらを持っているだけで影響力を発揮できるということであり，実際にその人に権威があるかどうかは問われない。つまり，この影響力で重要なのは，中身ではなく外見なのである。

希少性

　珍しいもの，残り少ないものは，より欲しくなる。つまり，手に入らないと感じるものほど，人は価値があると信じてしまう。こうした希少性の力は，さまざまな場面で使われている。たとえば，「期間限定」や「先着100人まで」などの広告の文句は，こうした方法の典型である。

　なお，この影響力を強める要因の１つに，心理的リアクタンスがある。心理的リアクタンスとは，自由を奪われることを嫌い，そのような状況に対して反発しようとする心のメカニズムである。希少性は，自分の手に入らない可能性を想像させやすくするため，「自分の意のままに手に入れる自由」が奪われた気になる。それゆえ，人は自由の感覚を回復したいがために，その希少品が欲しくなるのである。

■**影響力の心理的基盤**

　以上がチャルディーニの挙げる６つの影響力であるが，ここではさらに，それらの影響力が通用するための心理的基盤を検討していこう。特に，環境に対して私たちの心がどのように反応しているのかに着目してもらいたい。

　私たちの日常生活は情報に満ち溢れている。部屋の中を見渡すと，テレビや雑誌・新聞だけでなく，スマートフォンやパソコンなどがあり，一歩も外に出なくても膨大な情報にアクセスできる環境であることに気づくだろう。それらの情報の中には，何らかの商品・サービスの購入を促すように意図した情報，たとえば商品の宣伝広告なども含まれている。特に，無料で閲覧・視聴できるコンテンツには広告が必ず含まれていると言っても過言ではない。

　このような環境の中で，私たちは常に１つひとつ情報を精査しているわけではない。たった１日の出来事の情報だけでも，すべての特徴を理解し，分析することは不可能である。ほとんどの人は，そのようにする時間も労力も能力も

持ち合わせていないのである。

　そこで，私たち人間は，それらの情報を処理する際にヒューリスティックを用いた判断を行う。ヒューリスティックとは，簡便なプロセスを経て結論を出す，熟慮とは異なる思考の近道である（7章参照）。たとえば，「高価なものだから良いものだ」や「専門家が言うのだから正しい」と即座に判断することは，ヒューリスティックの一例である。私たちがヒューリスティックをまったく用いないで日常生活を送るのは，ほぼ不可能である。

　上記で検討した影響力は，そのようなヒューリスティックに依存している力である。もし，そのような状況でヒューリスティックを用いることなく熟慮したとするならば，その影響力はなくなるか，または弱くなる可能性がある。

　権威を例に考えてみよう。たとえば，ダイエット効果を謳った健康食品を購入する際，「偉い人（医者のような人）が薦めているのだから正しい」と即座に結論づければ，それはヒューリスティックに基づいた判断である。一方，「この人（医者のような人）は，薦めているのだが，その科学的根拠はあるのだろうか」や「この人は健康食品の会社と，どのような利益関係があるのだろうか」と考えて，それらの情報を収集・吟味した上で判断するならば，そのような判断はもはやヒューリスティック的とは言えない。この場合，それらの情報の妥当性によって，受け手に与える権威の影響力は異なるだろう。

　このように，影響力とヒューリスティックに基づく判断の密接な関係を考慮すると，説得の際には，事前にそのように判断せざるを得ない状況を構築することが重要となる。なぜなら，判断する際に情報を熟慮しようという心構えであれば，上で述べた権威の例のように，影響力が弱まってしまうことが考えられるからである。そこで，以下では，そのような状況を事前に作り出す，すなわち，それぞれの影響力が効果的に発揮できる条件を解説しよう。

■影響力を高める条件

　チャルディーニはこれまで検討した影響力が最も効果的に働く条件として下準備（プリ・スエージョン）[6]の重要性を主張している（Cialdini, 2016）。

　下準備とは，説得メッセージを受け入れやすくなる特別な状況，すなわち特権的瞬間を作り出すことである。このような特権的瞬間に至るための重要な心

理要素は，注意の方向づけと連想の2つである。

　注意の方向づけとは，私たちが接するさまざまな対象の中で，特定の対象に注意を向かわせることである。人間は，特定の対象に注意を向けるだけで，それが重要であると考えるようになる。そのため，CMでは視聴者の目を引くような対象を用いたり，繰り返し呈示したりする手法が用いられる。特に，性的なものや危険性を喚起するものは，私たちの注意を引きつけやすい。それゆえ，セクシーなモデルを起用したファッション広告や，「この保険に入らないと，事故が起きた場合に大変なことになります」とリスクを煽る車の保険CMは，私たちの注意を向けさせるのに有用である。

　また，連想とは，メッセージから想起されるさまざまなイメージのことであり，想起されるイメージが肯定的であるほど説得には有利である。たとえば，「お手軽」，「ラクラク」，「イージー」などの単語を電化製品の名前につけることで，「簡単に扱える」というイメージを連想させることができる。これにより，そのような機器の操作が難しいと思いがちな人にも説得が容易になる。

　さらに，これらの下準備には，影響力の種類ごとに最適な方法が存在する。しかし，いずれの影響力にせよ，下準備の基本的な考え方は，準備段階で注意を戦略的に誘導すれば，説得前に承諾する気にさせることができる，ということである。私たちが自動的に承諾してしまうような心理状況を事前に構築すること，これがまさに下準備である。

3．対人的影響を受ける消費者の心

　上記のチャルディーニの議論は，セールスパーソンが承諾を引き出すときのような，説得の意図が明確な状況が想定されていた。しかし，対人的影響は，他者にそのような意図が「ない」状況でも生じる。冒頭のランチプレートの例でも，一緒に来た友人は，自分に特定の料理を注文させようとする意図はなかっただろう。

　私たちの認知・感情・行動は，他者の存在を意識しただけで変化することがある。なぜなら，人間には，他者に対して「こうありたい」，「こう思われたい」という欲求が存在するからである。たとえば，私たちは他者の存在を意識

する時,「人より優れていたい」と思ったり,「このような振る舞いは人前では見せられない」と思ったりする。このような欲求は,食欲や睡眠欲のような生理的欲求とは区別され,他者との関係の中で生じる社会的欲求である。

　クリストファーソンとホワイト (Kristofferson & White, 2015) は,消費者心理学における対人的影響の諸研究を,そのような社会的欲求の観点から,他者とのつながり,ユニークネス,自己高揚,印象管理の4つに分類した。以下,この分類に基づいて研究を紹介しよう。そこでは,対人的影響がさまざまな消費場面でみられることに気づくだろう。

■他者とのつながり

　人間の基本的な社会的欲求の1つに,「他者と一緒にいたい」,「他者とかかわりたい」という欲求がある。この欲求は,ちょっとした会話をした程度の,それほど親密でない他者が相手でも機能する。たとえば,ダールら (Dahl, Honea, & Manchanda, 2005) は,売り手と会話をした人は,商品を買わないという選択をした際に罪悪感を覚えることを明らかにした。このような罪悪感,つまり「買わないとこの人に悪いな」という感情は,購入を促すきっかけとなるだろう。

■ユニークネス

　他者とつながりたいという欲求は,他者と自分が「同じ」であることを目指す欲求でもある。それに対し,私たちは「他者とは異なったユニークな存在でありたい」という欲求も同時に抱く。たとえば,パーティーで自分が友人とまったく同じドレスを着ていたとしたら,あなたは気まずさを覚えるだろう。おそらく,友人もそう思うに違いない。

　この章の最初で紹介した,アリエリーとレバブの研究も,「人と同じものは嫌だ,人とは異なるものを選びたい」と思ったがために,一緒に来た友人や知人とは異なる注文をしたと解釈できる[7]。もし,ユニークネスの欲求が商品選択に影響するならば,自分と似た他者ほど,その他者と同じものを選びたくないだろう。なぜなら,似ていれば似ているほどユニークネスの欲求が満たされないからである。

ホワイトとアルゴ（White & Argo, 2011）は，実験参加者に以下のようなシナリオを読んでもらい，類似他者に商品選択を真似されるほど，自分の商品を捨てたい気持ちになることを明らかにした。シナリオは，自分と親しい同僚（類似他者群）との会話，または嫌いな同僚（非類似他者群）との会話で，自らが使っている香水やオーデコロンが同じである場合を想像してもらうことであった。このシナリオを読んだ男女の実験参加者は，自分の所有する香水やコロンについて評価した。結果は，自分と親しい同僚が同じブランドの香水やコロンを使っているシナリオを想像した実験参加者の方が，その香水やコロンを「捨てたい」と評定していた。これは，自分と類似した他者と同じブランドの商品を所有していることで，自らのユニークネスが脅かされたからであると考えられる。

■自己高揚

自己高揚とは，自分自身を肯定的に思いたいという欲求である。同時に，否定的な自己評価を避けようとする欲求でもある[8]。消費者心理学では，消費者が，否定的なイメージの人や集団と自己の結びつきを弱めることで，否定的な自己評価を避けようとする行動をとることが示されている。

たとえば，12章で詳述するように，ホワイトとダール（White & Dahl, 2006）は，自分の食べるステーキの重量（10オンスか12オンス）を選択する状況で，ステーキの切り分けに「シェフズカット」や「レディースカット」といった名称を用いて，どのステーキを食べたいかを尋ねた。その結果，この実験に参加した男性は，「レディースカット」とラベルづけされたステーキを否定的に評価し，そのようなステーキを選びたがらなかった。この結果は，男性が「レディースカット＝男らしい自分にはネガティブ」と考えており，それを積極的に避けることを示唆している。

■印象管理

印象管理とは，他者から良い印象を持たれようとすることである。自己高揚と似ている側面もあるが，印象管理の欲求は，人から観察されるような状況，すなわち公的状況で強くなるのが特徴である。

ホワイトとポレッチ（White & Peloza, 2009）は，チャリティーへの寄付について，自己の利益になるよりも，他者の利益になると説得されたほうが，寄付しようとする気になることを明らかにした。ただし，その傾向は，寄付の意思を他者に説明しなければならない状況においてのみだった。他者に説明しなければならない状況は公的状況である。それに対し，寄付の意思を他者に説明しない私的状況に置かれた実験参加者では，自己の利益になると説得された方が寄付しようとする傾向にあった。以上の結果から，公的状況においては，他者に対して「社会的に望ましい人」という印象を抱かれたいがために，寄付への意思があるように表明したと考えられる。それに対し，私的状況では印象管理の欲求が喚起されなかったため，自分の利益になるから寄付をしようとしたのである。

4．社会的存在としての消費者

ここまで述べたように，対人的影響は，影響を与えようとする意図を持った他者が存在する状況でも，そのような意図を持たない他者が存在する状況でも生じる。消費者に商品・サービスの購入を説得するビジネスパーソンは，影響を与えようとする意図を持った人の典型である。本章で紹介したチャルディーニの議論では，相手から承諾を引き出すために，様々な技法が使われることが説明されていた。それに対し，冒頭のアリエリーとレバブのランチ研究やビール研究，およびクリストファーソンとホワイトの社会的欲求による分類で紹介した研究では，単に他者がいるだけで消費行動が変わることが示された。

他者からさまざまな影響を受けることは，人間が高度に社会的な動物であることの証である。このことは，古くからアリストテレスなどの多くの哲学者や思想家が繰り返し述べてきた。また，社会心理学では，人間の存在が本質的に社会的状況によって規定されていることを，さまざまな実験や調査によって明らかにしてきた。

同様に，消費者心理学においても，説得する者の視点と説得される者の視点から，社会的存在としての消費者について理解を深める必要がある。これまで説明してきたように，何らかの商品やサービスを購入するように他者から説得

される際，購入を勧められている商品の特性とは関係なく，説得しようとする他者の影響が存在する。しかも，他者の影響は，その他者に説得の意図がない場合にも発生する。にもかかわらず，私たちは，自分の意思決定に，他者が影響していることを十分に理解していないのではないか。

　消費者は，孤独に商品と向き合うだけの人間ではない。消費者行動は，人と人との対人的影響のなかで起こる出来事なのである。

注

1．数値は限りなく1に近いが，選択肢の数が多いほどマッチする確率が低くなることに着目してほしい。たとえば2人テーブルで一人ひとりが25皿の中からランダムに選択した場合でも数値の期待値は0.96になる。
2．『アリエリー教授の「行動経済学」入門』（テレビ番組の翻訳・書籍化）（アリエリー, 2017）によると，同様の実験を香港で行なったところ，アメリカとは逆に，友人と同じビールを注文する傾向が認められたという。この結果は，少なくとも東洋文化圏では，「他者と同じにする」という方向の対人的影響があったと考えられる。
3．消費者心理学において説得研究は重要な位置を占めている。説得の認知メカニズムや欺瞞的説得については3章と11章を参照。本章では，「説得する側・される側」の間で働く対人関係の観点から承諾のプロセスを考える。
4．「門前払い（shut the door in the face）」や「目の前でドアをぴしゃりと閉める（slam the door in the face）」という英語のフレーズと関連があると考えられる。
5．動画投稿サイトなどでは，このような開封動画がたくさん見つかる。たとえば，新しく購入したデジタルガジェットの紹介動画などは，毎日多数アップされている。その中でも，子どものおもちゃの開封動画では，インフルエンサーとなるほど有名な子どももいる。
6．プリ・スエージョン（Pre-Suasion）という語は，英語のpersuasion（説得）の冒頭のperをもじって，pre（前）＋suasion（勧告・説得）としたもので，チャルディーニによる造語である。
7．人と異なるものを選ぼうとすることの背後にある欲求は，ユニークネスだけとは限らない。アリエリーたちも指摘しているように，「多くの情報を得たい」という情報探索の欲求もあった可能性がある。ランチプレートの例では，友人が魚と野菜のプレートを選んだので，「肉はどんなランチプレートなのだろう」という気になって選択するということである。
8．クリストファーソンとホワイトによれば，ユニークネスの欲求とは異なり，自

己高揚の欲求の場合には対象への肯定的感情や否定的感情も生起する。つまり，もし，ユニークネスの欲求に基づくのであれば，単に違う対象を選ぶことが重要であり，対象への感情は生起しない。それに対し，自己高揚の場合には，対象が肯定的であったり否定的であったりするため，肯定的であれば自分と同じであることが強調され，否定的であれば違うことが強調される。

引用文献

アリエリー, D. NHK白熱教室制作チーム（訳）(2017). アリエリー教授の「行動経済学」入門　早川書房

Ariely, D., & Levav, J. (2000). Sequential choice in group settings: Taking the road less traveled and less enjoyed. *Journal of Consumer Research, 27*, 279-290.

Dahl, D., Honea, H., & Manchanda, R. (2005). Three Rs of interpersonal consumer guilt: Relationship, reciprocity, reparation. *Journal of Consumer Psychology, 15*, 307-315.

Cialdini, R. B. (2009). *Influence: Science and practice* (5th ed.). Boston: Allyn and Bacon, Inc.（チャルディーニ, R. B. 社会行動研究会（訳）(2014). 影響力の武器——なぜ，人は動かされるのか　第3版　誠信書房）

Cialdini, R. B. (2016). *Pre-suasion: A revolutionary way to influence and persuade.* NY: Simon & Schuster.（チャルディーニ, R. B. 安藤清志（監訳）曾根寛樹（訳）(2017). プリ・スエージョン——影響力と説得のための革命的瞬間　誠信書房）

Kristofferson, K., & White, K. (2015). Interpersonal influences in consumer psychology: When does implicit social influence arise? In M. I. Norton, D. D. Rucker, & C. Lamberton (Eds.), *The Cambridge Handbook of Consumer Psychology.* NY: Cambridge University Press.

White, K., & Argo, J. J. (2011). When imitation doesn't flatter: The role of consumer distinctiveness in responses to mimicry. *Journal of Consumer Research, 38*, 667-680.

White, K., & Dahl, D. W. (2006). To be or not be: The influence of dissociative reference groups on consumer preferences. *Journal of Consumer Psychology, 16*, 404-414.

White, K., & Peloza, J. (2009). Self-benefit versus other-benefit marketing appeals: Their effectiveness in generating charitable support. *Journal of Marketing, 73*, 109-124.

（大久保暢俊）

11章　言わずにはいられない？
欺瞞的説得と苦情行動

　1999年，クレーマーという言葉を世に広めるきっかけとなった事件が勃発した。俗にいう東芝クレーマー事件だ。簡単に経緯を説明すると，ある会社員が，東芝のビデオデッキを購入したところ機能に不具合が生じたため修理・交換を依頼した。しかし，ちょっとした両者のボタンの掛け違いから，その会社員は窓口担当者に暴言・罵声を浴びせられることになる。そして，怒った会社員がそのやりとりを音声データとして自らのホームページで公開したことから，現代で言う「炎上」に発展し，やがては東芝不買運動までも招き，クレーム史上，さらには，インターネット史上に残る大きなトラブルになった。この事件は，インターネット時代のクレーム対応に大きな教訓を与えることになる。

　しかし，インターネットの普及は，1人のクレーマーを有名にしただけでなく，多くの一般消費者にも深刻な問題をもたらした。その1つに，ネット通販市場の拡大に伴う，ネットショッピング詐欺の増加が挙げられる。「代金を支払ったのに商品が届かない」，「明らかに偽造品が届いた」などの被害が増加の一途をたどったのである。おそらく多くの人は，クレームを巡るトラブルや悪質商法などの消費者問題は，「自分には全く関係ない」と思っているであろう。しかし，ある日突然，些細なことがきっかけで，誰しも当事者になりうる可能性は十分ある。なぜ，消費者はこうした罠に陥るのだろうか。

1．欺瞞的説得とは何か

　欺瞞(ぎまん)（deception）には，いくつもの定義があるが，一言でいうと，その字が

示すとおり，人を「欺いて，瞞すこと」といえる[1]。こうした欺瞞は，人々の社会生活の中に広く浸透しており，日常の些細な会話の中から，法廷での審理の証言に至るまで，さまざまな場面で起こりうる。ブッシュら（Boush, Friestad, & Wright, 2009）は，その中でも，市場における欺瞞，すなわちモノやサービスの売買にかかわる欺瞞を，社会的欺瞞の特殊な領域としている。では，市場における欺瞞は，どのような点にその特殊性があるのだろうか。

■市場における欺瞞的説得と技法

　市場における欺瞞は，本質的には説得を目的とした欺瞞的説得（deceptive persuasion）であり，消費者の注意や思考を唱導方向に向けてコントロールするための社会的な影響戦略といえる。ブッシュら（Boush, Friestad, & Wright, 2009）は，こうした市場における欺瞞の特徴を，日常生活でみられる些細な欺瞞（調子が悪いのに良いと答える場合など）と比較した上で，次の３点にまとめている。①あらゆる市場の欺瞞は意図的になされる。②送り手自身が自らの言動がいかに消費者を惑わせるかを自覚している。③市場での欺瞞は，すべてマーケティング担当者などのプロによって入念に準備された企てである。こうした特徴を持つがゆえ，市場における欺瞞には悪質なものが多いのである。

　それでは，具体的にはいかなる行為が欺瞞的説得とみなされるのだろうか。一例としては，広告の不当表示が挙げられる。不当表示とは，実際よりも著しく優良または有利であると消費者に誤認させ，消費者の適正な商品選択や公正な競争を妨げる恐れのある表示のことである。たとえば，外国産の牛肉を「国産牛」と欺いて販売したり（優良誤認），常にその価格であるにもかかわらず「今だけ特価」と偽って販売したり（有利誤認）する場合などが当てはまる。日本では，不当表示の使用は，「不当景品類及び不当表示防止法」（景品表示法）によって厳しく禁じられている。

　また，こうした不当表示による欺瞞戦術は，特に偽装（camouflage）と呼ばれ，産地偽装や原材料の偽装など，毎年多くの事例が報告されている。もちろん市場における欺瞞的説得には，偽装以外にも数多くのタイプが存在する。たとえばブッシュら（Boush, Friestad, & Wright, 2009）は，消費者の心理的特性に基づいた欺瞞戦術として，多様な方略を挙げている。ここでは，その主なも

表11-1　市場における欺瞞戦術の方略

	呼称	説明	具体例
隠ぺいや省略による欺瞞	ディストラクション	不利な開示情報を隠すために，消費者を惑わすような効果的なディストラクタ（妨害刺激）を用いて，人の注意をそらせること	広告のどこかに，快感情を与えやすい赤ちゃんや動物などの写真を提示して，特定の不利な開示情報から注意をそらさせる場合
	偽装（カモフラージュ）	正しく表象されることを妨げること	別の話題と思わせるような段落や項目の真ん中あたりに，特定の開示情報を埋め込んで隠ぺいする場合
	省略	特定の欠点やリスク，限界などの不利な開示を部分的に，あるいは全く行わないこと	会員にならないとサービスが受けられないにもかかわらず，そうした情報を開示しない場合
	欺瞞防衛の抑制	認知的処理ができないほど大量の無関連情報で消費者の心を氾濫させ，欺瞞を防衛する機会を抑え込むこと	電話で勧誘販売をする人が，最初に畳みかけるように大量の情報を与えて圧倒し，冷静な情報処理を行う認知的資源を奪ってしまう場合
情報の明示によって生じる欺瞞	シミュレーション	消費者に対して，明らかに間違った形でモノや行為，状況，出来事を頭に描かせること	「もし，その商品を買わなければ，何か悪いことが起きる」などと誤った情報（恐怖喚起メッセージ）を与えて，頭の中で想像させる場合
	フレーミング	消費者を惑わすような不完全で偏った提示を行い，意思決定過程全体を間違った方向に導くこと	商品の属性や使用後の結果において，限られたことだけを提示したり，巧妙に選ばれた競合商品とだけ比較をしたりする場合（不完全フレーミング），あるいはネガティブな結果の一側面のみを提示し，「買わないと望ましくない結果が起きる」と不安を喚起させる場合（損失–獲得フレーミング）
	なりすまし	詐欺のために，別人のように振る舞うこと	マーケティング担当者が，消費者に対して，適度に本物らしく演じることで，（実際にはそうでないのに）自分には権威があるかのように思わせる場合
	自動的な推論傾向の悪用	「消費者はメッセージの文字どおりの意味を超えて推論する」という，自然な傾向を悪用すること	実際に行われた商品テストや研究内容を引用／参照することで，意味ある証明となることを消費者にほのめかす場合
	数学音痴の利用	「消費者は研究方法やデータに対して，単純な解釈しかしない」という傾向に付け込むこと	調査や検査結果について不完全な報告をしたり，不適切なサンプリング法を用いているのに報告しなかったり，比較テストの報告の中で比較対象を詳述しない場合

ブッシュら（Bush, Friestad, & Wright, 2009）を参考に筆者が作成。

のについて具体例を加えて表11-1に紹介しておく。

■欺瞞の手がかり

ピノキオは嘘をつくたび,鼻がのびた。いわば,ピノキオの鼻は欺瞞の手がかりであった。しかし,現実社会では,嘘や欺瞞を見抜くのはそう簡単なことではない。事実,これまで多くの研究者が欺瞞や嘘と関連する言語的・非言語的手がかりを見つけ出そうと実証研究を試みたが,それらの結果は一貫していないのが現状である。そこで,デパウロら(DePaulo, Lindsay, Malone, Muhlenbruck, Charlton, & Cooper, 2003)は,数多くの既存研究から158の欺瞞の手がかりを取り上げ,1,338のデータに対してメタ分析を行った[2]。主な結果は表11-2のとおりである。表中の言語的・非言語的手がかりは,効果量 d の絶対値が大きいほど欺瞞との関連性が強く,正の値だと欺瞞の時に現れやすく,

表11-2 欺瞞の言語的・非言語的手がかり

データ(推定値)が 6件以上	d (効果量)	K (推定値)	データ(推定値)が 5件以下	d (効果量)	K (推定値)
発言の反応の速さ	-.55	7	協力的な態度	-.66	3
発言内容の矛盾・曖昧さ	.34	7	記憶の欠落の自覚	-.42	5
説明の詳しさ	-.30	24	瞳孔の拡大	.39	4
発言の不確かさ	.30	10	発言の持続時間	-.35	4
神経質な/緊張した様子	.27	16	外部との関連付け	.35	3
声のテンション	.26	10	言語的な直接性	-.31	3
論理的構成	-.25	6	自発的な修正	-.29	5
もっともらしさ	-.23	9	顎が上がること	.25	4
声の周波数/ピッチ	.21	12	他者の心的状態に関する言及	.22	4
否定的な発言や愚痴	.21	9	言葉やフレーズの繰り返し	.21	4
発言への熱中	-.21	7	自己卑下的な傾向	.21	3
(話す内容の)文脈への埋め込み	-.21	6			

デパウロら(DePaulo, Lindsay, Malone, Muhlenbruck, Charlton, & Cooper, 2003)より一部抜粋して作成。

負の値だと欺瞞の時に現れにくいことを示している[3]）。

　この結果は，欺瞞や嘘を見破る上で，非常に有益な示唆を与えてくれる。たとえば，欺瞞の時は瞳孔が拡大し，発言内容が矛盾していたり，語句の繰り返しが多くなったりすることがわかる。また，緊張のためか，声のテンションやピッチが高まることなども示唆されている。しかし，これらの手がかりは，あくまで欺瞞時に現れやすくなるという程度であって，絶対的なものとは言い切れない。すなわち，この世に完全に見破られる欺瞞などなく，ピノキオの鼻のような手がかりは存在しないのである。よって，次節で取り上げるような悪質商法には，誰しも騙される危険性がある。

2．なぜ悪質商法に騙されるのか

　市場における欺瞞的説得の最たる例としては，悪質商法（illegal business）が挙げられる。悪質商法とは，「不当な手段や方法によって不正な利益を得る販売行為」である。その手口は，近年ますます多様化・巧妙化し，相談機関に寄せられる悪質商法に関するトラブルは後を絶たない。では，悪質業者は，実際にどのような手口で近づいてくるのだろうか。また，これほどまでに悪質商法に関する情報が氾濫しているのに，なぜ被害は一向におさまらないのだろうか。

■悪質商法の実態

　「消費者白書」（消費者庁，2017）によると，2016年度に全国の消費生活センターなどに寄せられた相談件数は約88.7万件であり，ピーク時の2004年度の192.0万件に比べると半減しているものの，いまだ毎年80万件以上の高水準で推移している。もちろん，相談件数のすべてが悪質商法による被害というわけではなく，些細なトラブルや単なる問い合わせなども含まれている。しかし，インターネットやスマートフォンの急速な普及に伴い，消費者が金銭の絡む深刻なトラブルに巻き込まれるケースが増加しているのも事実である。そうしたインターネットをめぐるトラブルの代表的なものに，ワンクリック詐欺やネット通販詐欺などが挙げられる（詳しくは表11-3を参照）。

表11-3　さまざまな悪質商法の手口

商法の俗称	主な商品・サービス	主な勧誘の手口・特徴と問題点
架空請求詐欺	金銭（情報料）	使った覚えのないアダルトサイトや出会い系サイトの情報料などの支払いを手紙，ハガキ，メールなどで請求してくるタイプの詐欺
ワンクリック詐欺，不当請求	金銭（情報料）	迷惑メールなどに添付されたURLをクリックすると，突然「登録されました」などと表示され，不当な料金を請求されるタイプの詐欺
ネット通販詐欺	主に高額ブランド品	ネットショップやオークションで商品を購入したにもかかわらず，商品が届かず，連絡も取れず，結果的にお金だけ取られてしまう詐欺
利殖商法	和牛オーナー，カジノへの出資など	手持ちの資金を少しでも増やしたいという気持ちに付け込み，「元本保証」「絶対に儲かる」などといって，多額の出資金をだましとる商法
マルチ商法（連鎖販売取引）	健康食品，美顔器，浄水器，化粧品など	販売組織に加入し購入した商品を知人などに売ることによって組織に勧誘し，各人がさらに加入者を増やすことによりマージンが入るという商法
ねずみ講	金銭，有価証券などの配当	後から組織に加入した者が支出した金銭を，先に加入した者が受けとる配当組織。「無限連鎖講の防止に関する法律」によって，金銭に限らず有価証券なども禁止されている
アポイントメントセールス	アクセサリー，絵画など	「抽選に当たったので景品を渡す」「モニターに選ばれた」などと有利な条件を強調して電話で呼び出し，商品やサービスを契約させる商法
キャッチセールス	化粧品，美顔器，エステ，絵画など	駅や繁華街の路上でアンケート調査などと称して呼びとめ，喫茶店や営業所に連れて行き，契約に応じない限り帰れない雰囲気にして商品やサービスを買わせる商法
催眠商法（ＳＦ商法，ハイハイ商法）	布団類，電気治療器，健康食品など	「新商品を紹介する」「健康増進に良い話をする」といって人を集め，閉め切った会場で台所用品などを無料で配り，得した気分にさせ，異様な雰囲気の中で最後に高額な商品を売りつける商法。新製品（S）普及会（F）という業者 が最初に始めたので，「SF商法」とも呼ばれたり，商品を求める参加者に「ハイ！　ハイ！」と手を挙げさせることから「ハイハイ商法」と呼ばれたりすることもある
無料商法	美顔，エステ，化粧品，永久脱毛，浄水器など	商品やサービスを無料で提供して集客するが，その後，集まった客に対して商品を有料で販売し，商品代を請求する商法。モニター，キャンペーンというフレーズに弱い人がターゲットになりやすい

商法の俗称	主な商品・サービス	主な勧誘の手口・特徴と問題点
点検商法	床下換気扇，布団，浄水器，耐震工事など	点検するといって家に上がり「床下の土台が腐っている」「布団にダニがいる」などと不安をあおって，新たな商品・サービスを契約させる商法
資格商法	行政書士，宅建などの資格を取得するための講座	電話で「受講すれば資格がとれる」などと執拗な加入をせまり，講座や教材の契約をさせる商法。以前の契約者に「資格が取得できるまで契約は続いている」，あるいは逆に「契約を終わらせるための契約を」といって，再度別の契約をさせる二次被害が増えている
デート商法	アクセサリー，絵画など	出会い系サイトや電話，メールを使って出会いの機会を作り，デートを装って契約させる商法。契約後は行方をくらますケースが多い
かたり商法（身分詐称）	消火器，ガス警報機，表札など	消防署やガス会社などの公的機関や有名企業の職員であるかのように思わせるそぶりやトークで商品やサービスを販売する商法
霊感商法	開運ブレスレット，水晶，印鑑など	「不幸になる」「悪霊が憑依している」などと言って不安をあおり，厄除けとして高額な商品を売りつけたり，祈祷料を請求したりする商法
当選商法	海外宝くじのダイレクトメールなど	「当選した」「景品が当たった」など，有利になること，特別であることを強調して契約させる商法
原野商法	土地（使い物にならない場合が多い）	将来の値上がりの見込みがほとんどない無価値な土地を，値上がりするかのように偽って売りつける商法
劇場型勧誘（買え買え詐欺）	社債権，外国通貨，リゾート会員権など	商品を販売する業者，その商品を購入したがっている業者など，複数の人が役回りを分担し，パンフレットを送りつけたり電話で勧誘したりして架空の話を信じ込ませて，実体不明の金融商品などを買わせる手口
サイドビジネス商法（内職商法）	宛て名書き，データ入力，ホームページ作成，テープ起こし	「内職・副業（サイドビジネス）になる」「脱サラできる」などをセールストークに，実際には内職用の材料や機材を売りつけ，内職の商品は買い取りを拒否したり，内職自体回さなかったりするという商法
ネガティブ・オプション（送りつけ商法）	カニなどの魚介類，健康食品など	商品を勝手に送り付け，受け取ったことで支払い義務があると思わせ，代金を請求する商法。商品と一緒に請求書が入っていることが多い

池内（2006）に修正・加筆

その他，より巧妙な手口としては，資格商法などに多い二次被害や点検商法で頻出する次々販売などが挙げられる。二次被害とは，一度被害にあった消費者を狙って，「以前の講座が修了していないので別の講座を受ける必要がある」などと言葉巧みに勧誘し，同じ企業や別の企業が再び高額の契約をさせるというものである。これは，被害にあった消費者の名簿が同業他社に流れるために起こる事態であり，そのまま放置すると，三次被害，四次被害を招きかねないので早急な対策が必要となる。また，次々販売とは，点検と称して家庭を訪問し，「このままでは家が腐る」と消費者の不安をあおりながら床下や屋根のリフォーム，シロアリ駆除など，次から次へと契約を結ばせる手口である。こうした次々販売は，日中家にいることが多く，判断能力の低下した高齢者がターゲットになりやすいことが，統計的に示されている。

■悪質商法に騙される理由

　人はなぜ，こうした悪質商法に騙されるのか。言い換えれば，なぜ欺瞞的説得に応じてしまうのであろうか。そもそも欺瞞であろうがなかろうが，人には自分だけは大丈夫という楽観バイアス（optimism bias）や，他者のメッセージを正しいこととして受け取る真実バイアス（truth bias）が働くため，説得に応じやすい傾向がある。したがって，悪質商法に騙される理由を考える上でも，一般的な説得理論が参考になる。チャルディーニ（Cialdini, 2009）は，他者からの要請を受け入れるか否かに影響する心理学の原理として，①返報性，②コミットメントと一貫性，③社会的証明，④好意，⑤権威，⑥希少性の6つを挙げている。各原理の詳しい説明は10章に譲るとして，ここでは悪質商法に応諾する心理的メカニズムついて，これらの原理をもとに概説する。

　例として催眠商法を取り上げよう。これは，表11-3にあるように巧みな話術で場を盛り上げ，購買意欲をあおって商品を販売する手法である。まず，ある人が街頭でティッシュの無料引換券を貰ったので商品交換所に行ったとする。会場にはすでに大勢の客がおり，しばらくすると司会者らしき人が壇上に立ち，「おめでとうございます！　皆さんは選ばれた人です」と挨拶をし始めた。その後，司会者は，集まった客にラップや洗剤などの景品を順に見せながら，その都度「欲しい人」と尋ねる。当然，客たちは皆，こぞって「ハイ！」と手を

挙げる。この一連の過程が，声を出す練習になるのである。そして，ある程度場の雰囲気が盛り上がったところで，司会者が手にした品物を，「通常1万円のところ，今日はなんとたったの1,000円。さあ欲しい人」と販売し始めた。有料であるにもかかわらず，客たちは練習通り大声で「ハイ！」と返事をする。時には，その中の1人に「元気がいいね，タダであげよう」といって周囲の競争心に火をつける。回数が重なるにつれ，やがて会場全体が「今買わないと損」といった雰囲気につつまれ，皆が誰よりも元気に，より速く「ハイ，ハイ！」と手を挙げようとするようになる（サクラが混じっているとも知らずに）。そして，遂に高額な羽毛布団を出してきて，「今ならたったの80万円。先着1名様限り。さあ欲しい人」と法外な値段で売り始めた。しかし，気持ちが高ぶっているので，皆思わず「ハイ！」と手を挙げてしまう。

　これは催眠商法の典型的な事例であるが，この時客たちは，なぜ手を挙げ続けたのだろうか。その理由は，次のような原理から説明できる。まず，通常の店舗での購入ならば，本当にその羽毛布団が80万円の価値があるかどうか，目で見て触って判断するだろう。しかし，この会場では確かめている余裕など全くない。そこで，皆が欲しがっているという周囲の反応が社会的証明となり，その商品の価値を保証することで，少なからず不安を軽減してくれる。また，先着1名のみといった希少性により，その羽毛布団がより一層価値あるものとして知覚される。冷静になれば詐欺まがいであることは明らかであるが，「この金額で買えるのは今だけ」といった時間的制約も手伝い，直感的なヒューリスティックによって，つい手を挙げてしまうのである[4]。ましてや，司会の人の外見的魅力が高ければ好意の原理も働き，なおさら容易く客の心をつかんで離さないことだろう。

3．なぜ苦情行動は生じるのか

　消費者の身に降りかかるトラブルは，悪質商法だけに限らない。モノが市場に溢れるにつれ，その分，不良品や商品の不具合などに出くわす機会も多くなる。もし，念願の商品を手に入れたのに，それが欠陥商品だった場合，あなたならどうするであろうか。

■苦情増加の社会的背景

　現代は苦情社会の到来といわれるほどに，誰でも簡単に不平や不満を訴える時代になっている[5]。事実，産業別労働組合UAゼンセンが2017年に行った，5万件に及ぶクレームについての実態調査の結果によると，流通業界で働く人の実に7割以上もの人が，業務中に何らかのクレームに関する被害を受けた経験があると回答している（UAゼンセン，2017）。しかし，一頃前まで消費者はもっと謙虚であり，不満があってもそう簡単には口にせず，大半が物言わぬ多数派，すなわちサイレント・マジョリティ（silent majority）であった。たとえば，この呼称が生まれるきっかけを作った米国の調査会社であるTARP社が，1979年に実施した苦情処理調査によると，購入者のうち当該商品に不満をもつ人は約40%。その中で，なんと約96%もの人が不満を持ちつつも何も言わないという事実が示された。その後，藤村（1999）が日本の病院とビジネスホテルで行った調査結果においても，企業側に何らかの苦情を訴える人は，せいぜい20~30%程度であることが見出された。では，なぜ消費者は，こうも簡単に苦情を訴えるようになったのだろうか。

　苦情増加の社会的背景に関して，池内（2013）は次の4点を指摘している。

①消費者の地位向上と権利意識の高まり：1995年の製造物責任法（PL法）の施行や，2004年の消費者基本法（旧：消費者保護基本法）の改正，さらには2009年の消費者庁の設置などを通して，消費者保護や自立のための環境が急速に整備され，消費者の立場が強くなった。

②企業への不信感の増大：2000年以降，偽装表示や賞味期限の改ざん，欠陥商品や情報の隠ぺいなど，相次ぐ企業不祥事により，企業への信頼が失墜した。

③急激なメディア環境の変化：特にインターネットやSNSの普及は，消費者が簡単にクレームを書き込んだり，他の消費者と情報共有したりする機会を劇的に増加させた。また，携帯電話やスマートフォンの普及や，お客様相談室のフリーダイヤル化が進んだことで，どこからでもすぐに無料で苦情を訴えられるようになった。

④規範意識の低下に伴う苦情障壁の低下：苦情問題を情報番組やバラエテ

ィなどで取り上げるメディアが増えたことにより，苦情自体がより身近なものとなり，苦情を訴えることに対する規範意識や抵抗感が低下した。

なお，上記に加え，さらにより近年の傾向として，次の2点も指摘できる。

⑤過剰サービスによる期待の増大：度を越したサービスが常態化したことにより，消費者の期待も高まり，少しでも意に沿わないとすぐに不満を漏らすようになった。
⑥社会全体の不寛容化：働き過ぎによる精神的・肉体的疲労などが原因で怒りがコントロールできず，不寛容な人が増えた。なお，不寛容とは，簡単にいうと「謝罪を受け入れず，厳しくとがめる態度」のことである。

■苦情行動と関連する諸要因
　では，消費者は，具体的にどのような苦情を訴えるのであろうか。苦情の内容としては，中森・竹内（1999）が，次の6分類を提唱している。

①モノ・サービスに関する苦情（例：買ったばかりなのにすぐに壊れた）
②接客に関する苦情（例：店員の対応がぶっきらぼうで感じが悪い）
③情報に関する苦情（例：問い合わせに対して期日までに返事がこない）
④金銭に関する苦情（例：修理代にかかる費用が初めの説明と違う）
⑤システムに関する苦情（例：通信販売で一緒に注文したのに別々に届いた）
⑥法律に関する苦情（例：カードの二重引き落としがあった）

　こうした苦情をみて，「その程度で苦情をいうのか」と驚いた人もいるかもしれない。実際，同じ状況におかれても，すぐに苦情をいう人もいれば，何の行動もしない人もいる。こうした違いは，どこから生まれてくるのだろうか。
　黒岩（2004）は，先行研究を整理し，市場の特性，売り手やサービスの特性，消費者の特性の3つの観点から，苦情が生じやすい傾向を整理している。まず，市場の特性については，競争市場に比べて寡占市場（少数の大企業が支配している市場）の方が，苦情行動が生じる傾向にある。これは，競争市場だと不満が

あれば簡単にブランドスイッチ（購入するブランドの変更）ができるが，寡占市場だと変更が難しいことによる。売り手やサービスの特性については，評判の高い企業の方が，苦情が生じやすいことが見出されているが，これは期待の裏返しといえる。また，商品やサービスが高価，自分での修理が困難といった，問題の重要性が高い時なども苦情が生じやすいとされているが，これは容易に想像がつくことであろう。最後の消費者特性については多くの研究があるが，概して高学歴で高収入，社会的地位が高く，性格的には自己主張の強い人や自信のある人などが苦情を訴える傾向にあることが見出されている。

■**期待不一致モデル**

　こうした苦情の根底には，いうまでもなく商品やサービスに対する何らかの不満があるが，そもそも不満はなぜ生じるのであろうか。

　不満の源泉に関しては，消費者行動における顧客満足研究の文脈で議論されることが多く，特にオリバー（Oliver, 1980）の期待不一致モデル（expectation disconfirmation theory）が有名である。期待不一致モデルは，商品やサービスの品質，性能，補償などに対して，消費者が購入前に考えていた期待（expectation）と，購入後の使用や消費を通して得られた成果（performance）とを比較し，それらの一致／不一致によって満足の度合いが決まるというものである。具体的には成果が期待を上回るものであれば，消費者の満足度は高まり，リピート購入やロイヤルティ（忠誠心）の形成につながる。もし，成果と期待が一致していたならば，不満こそ生じないが満足までは結びつかず，その後の積極的なリピート購入は望めない。そして，成果が期待を下回った場合は，怒りや失望などの不満が喚起され，時には苦情という形で顕現化される。あなたも期待して購入した商品がイマイチだった時は，文句の1つも言いたくなるだろう。特に，飲食店やレジャー施設におけるサービス財については，経験を重ねるにつれ最初の刺激や感動が薄れるため，顧客を満足し続けることは非常に難しいといわれている。それゆえ，たとえばUSJ（ユニバーサル・スタジオ・ジャパン）などは，マンネリ化を避けるため，常に新しいイベントやアトラクションを導入し続けることで，高水準の顧客満足度とリピート率を維持しているのである。

なお，苦情研究においては，苦情を受ける側の心理や苦情対応の重要性に目を向けることも重要である。特に，実務での応用を目指すなら，なおさらのことである。たとえば，苦情対応が非常に満足いくものだった場合，そのブランドや企業に対する好意度が，苦情を訴える前よりも高まることが見出されている。これはリカバリー・パラドックス（recovery paradox）と呼ばれる現象で，苦情対応の世界では非常によく知られている。また，苦情は企業にとって面倒な存在である一方で，商品やサービスの改善につながる貴重な宝の山ともいえる。事実，苦情がきっかけで生まれた商品や改良されたサービスは，数多く存在する。苦情というと，どうしてもマイナスに捉えがちであるが，このようにプラスの側面も多分にあることから，企業は苦情対応に，より一層積極的に取り組む必要がある。

4．これからの消費社会に向けて

　第二次世界大戦後，全世界的に消費者運動の動きが活発化した。日本でも高度経済成長期に消費者問題が表面化した煽りを受けて，これまで法制度の整備や消費者庁の設置など，段階的に消費者を保護する取り組みがなされてきた。しかし，依然として悪質商法はなくなるどころか時代に合わせて進化し，姿を変えて消費者に魔の手を伸ばす。また，近年では，名の通った一流企業でさえも相次いで不祥事を起こし，人々の信頼をことごとく裏切った。よって，これからの消費社会を生き抜くためには，消費者は単に保護されるだけでなく，自ら欺瞞を見抜く力，トラブルに対処する力を身に付けることが不可欠といえる。そのためにも行政機関は，消費者一人ひとりが消費の専門家として必要な知識やスキルを身に付けること，すなわちエンパワーメント（empowerment）の実現を目指して，消費者教育を充実させることが必要となろう。

　マーケティングや広告の教科書に，近年新たに倫理の章が設けられ始めたように，これからの企業はマーケティング倫理の観点から社会的責任を果たすこと，そして消費者は「賢い消費者」，「エンパワーされた消費者」として主体的に振る舞うことが求められる。そうすることで，より公正で信頼できる消費社会の実現に近づくことが可能となろう。近年，注目を集めている悪質クレーム

に対しては，何らかの対策が不可欠であるが，良識の範囲内で声を挙げる消費者が増えるのは，社会として歓迎すべきことなのかもしれない。

注

1. 欺瞞（deception）は，嘘（lie）と同義として扱われることが多く，本章でも互換的に用いることにする。しかし，中には，レヴァイン（Levine, 2014）のように，厳密に区別している研究者もいる。レヴァインの場合，欺瞞を「他者を意図的に誤った方向に導くこと」，嘘を「誤りと知りながら，あえてその情報を伝えて他者をだますこと」として捉えており，誤った方向に導く際，必ずしも嘘を必要としないことから，欺瞞の方がより広い概念といえる。
2. メタ分析とは，過去に独立してなされた複数の研究結果を収集・統合し，より高い見地から分析すること，またはそのための統計的手法のことである。
3. 効果量とは，簡単にいうと変数間の関連の強さを標準化した値であり，標準化することでサンプルサイズの影響を除外し，先行研究の検定結果などと比較することが可能となる。なお，効果量の基準は，一般的に $d = 0.2$（効果量小），$d = 0.5$（効果量中），$d = 0.8$（効果量大）と解釈されている。
4. ヒューリスティックとは，複雑な情報を簡便に処理するための意思決定方略のことである。詳しくは 7 章を参照のこと。
5. 苦情とクレームは，厳密にいうとその意は若干異なる。一般的には，クレーム（claim）は「不満に基づく何らかの要求行為」として，一方，苦情（compliant）は「単なる不満の表明」として捉えられ，クレームに比べるとより広範な概念とみなすことができる。しかし，日常的には両者は混同して用いられることも多いことから，ここでも特に区別せずに使用することとする。

引用文献

Boush, D. M., Friestad, M., & Wright, P. (2009). *Deception in the marketplace: The psychology of deceptive persuasion and consumer self-protection*. New York, NY: Routledge, Taylor and Francis Group, LLC.（ブッシュ, D. M., フリースタッド, M., & ライト, P. 安藤清志・今井芳昭（監訳）（2011）. 市場における欺瞞的説得――消費者保護の心理学　誠信書房）

Cialdini, R. B. (2009). *Influence: Science and practice* (5th ed.). Boston: Allyn and Bacon, Inc.（チャルディーニ, R. B. 社会行動研究会（訳）（2014）影響力の武器――なぜ，人は動かされるのか　第3版　誠信書房）

DePaulo, B. M., Lindsay, J. J., Malone, B. E., Muhlenbruck, L., Charlton, K., & Cooper, H. (2003). Cues to deception. *Psychological Bulletin, 129*, 74-118.

藤村和宏 (1999). 適切な苦情処理がもたらす効用と抑制される苦情行動　香川大学経済論叢, 72, 325-366.
池内裕美 (2006). 社会の中の落とし穴──苦情・クレーム行動と悪質商法　金政祐司・石盛真徳 (編) わたしから社会へ広がる心理学 (pp. 174-199)　北樹出版
池内裕美 (2013). 苦情行動者の心理：消費者がモンスターと化す瞬間　繊維製品消費科学研究, 54, 21-27.
黒岩健一郎 (2004). 苦情行動研究の現状と課題　武蔵大学論集, 52, 1-16.
Levine, T. R. (2014). Truth-Default Theory (TDT): A theory of human deception and deception detection. *Journal of Language and Social Psychology*, 33, 378-392.
中森三和子・竹内清之 (1999). クレーム対応の実際　日本経済新聞出版社
Oliver, R. L. (1980). A cognitive model of the antecedents and consequences of satisfaction decisions. *Journal of Marketing Research*, 17, 460-469.
消費者庁 (2017). 平成29年版消費者白書
UAゼンセン (2017). 悪質クレーム対策 (迷惑行為) アンケート調査結果　UAゼンセン

（池内裕美）

12章 消費するわたしたち？
消費者と社会的アイデンティティ

　ハーレーダビッドソンは1903年，米国ウィスコンシン州でスタートしたオートバイのブランドである。国産のオートバイの2倍以上という高額な商品であるが，燃費が悪く，メンテナンスにも手間がかかる。機能面だけを見れば国産のオートバイの方が優れた点が多いかもしれない。しかしハーレー・ユーザーはこう語っている「何にも媚びない，我流というかオレ流というか。動じない。タフで独創的，自分の生き様のままのスタイルで乗れる乗り物ですね」（内田, 2009）。ハーレー・ブランドと自己を重ね合わせて捉えているのである。

　ハーレー・ユーザーはまた，同じ想いを抱く別のハーレー・ユーザーと強固なつながりを築いている。ハーレー・オーナーズ・グループ（H.O.G.）と呼ばれるユーザー組織には，世界各国の100万人を超えるメンバーがおり，彼らは企業が主催するツーリングやイベントに参加し，愛車ハーレーを通じて仲間と親交を深めているという（内田, 2009）。H.O.Gのメンバーは威風堂々としたハーレーの名に恥じないよう，秩序とブランド・イメージを守りながらハーレーを乗りこなすのである。

　タフで独創的なハーレーを乗りこなす自分，H.O.Gのメンバーである自分。このように，人は自分のアイデンティティを示すために，ブランドや所属集団を活用することがある。

1．消費を通じたアイデンティティの表明

　消費者は，機能的に優れているという理由だけでなく，自分が誰であるのか

を示すために所有物を使用する場合がある。友人に会う時には明るく社交的な自己を印象付けようと，カジュアルで親しみのあるブランドの洋服やバックを選択するが，職場に出かける時には信頼感があり，仕事ができる自分を印象付けようと，少々高額でも洗練されたブランドを選ぶかもしれない。反対に，他者がどのような人であるかを判断するために，その人の所有物を観察する場合もあるだろう。このように，モノにはその人の自己概念（self-concept）を示す名刺のような役割がある。

自己概念とは，「自分はこのような人間である」といった，自己の特性に関する自分自身の考えのことである。自己概念の内容は，いくつかの種類に分類できる。まず，個々人の持つ身体的特性（背が高い，髪が長い），性格特性（上品，活発），能力（勉強ができる，走るのが速い），志向（健康志向）など，自分というひとりの人間が持つ性格や能力などから記述される自己の側面を個人的アイデンティティ（personal identity）という。また，○×大学の学生である，○×県出身である，あるタレントのファンクラブに所属しているなど，社会集団の一員として記述される自己の側面を社会的アイデンティティ（social identity）という。この他にも，「ハーレーダビッドソンのオートバイを持っている」といった所有を通じた自己理解，過去の経験や未来についてのイメージによる自己理解などもあり，自己概念の内容は多岐に渡っている[1]。

では，所有物はこういった自己概念の形成，維持，発展にどのように関わっているのだろうか。自己と所有物との関係について，拡張自己と象徴的便益という2つの概念を交えながら説明していく。

■拡張自己

消費者は，所有物を自己の一部であるかのように捉えることがある。ベルク（Belk, 1988）は，人々が自己の一部だと認識するすべての対象物を拡張自己（extended self）と捉え，所有物は自己にとって体や心に次ぐような大切なものであると述べた。たとえば，人は自分自身の身体，個人の特徴や属性以外にも，所有物，他者，物理的な環境など，自己を取り囲む多様なものを自己の一部として捉える傾向が確認されており，幅広い対象物が拡張自己に含まれることが示唆されている（e.g., Prelinger, 1959）[2]。

ベルクは，所有物が自己の重要な一部であることは，所有物の喪失が自己喪失につながることによっても確認できるとしている。たとえば，社会学者ゴッフマン（Goffman, 1961）は，精神病院，刑務所，強制収容所，軍の訓練施設のような組織では，新しいメンバーを迎える時，彼らの所持品を奪うことでアイデンティティを剥奪し，彼らを新たな環境に適応しやすくさせることがあると述べている。

　また，所有物が自己の重要な一部であることは，事故や自然災害といった不可抗力による所有物の喪失からも伺える。わが国でも，1995年の阪神・淡路大震災時の所有物の喪失に関する研究が行われ，その結果，拡張自己としての大切なものの喪失は，その対象が自分自身の一部になっているため，消費者に大きな苦痛を与えることが明らかにされている（池内・藤原・土肥，2000）。

　なお，こうした所有物への同一化は，幼児期の非常に早い段階からはじまる。たとえば，子供が玩具を選択するとき，女の子は人形，男の子は電車の模型やブロックを選ぶことが多い。子供たちは女性的なイメージの玩具，男性的なイメージの玩具を所有することで，それぞれのアイデンティティを形成していこうとするのである。しかし，消費者はなぜそれぞれの玩具を女性的，男性的だと迷いなく認識できるのだろうか。ここで重要になるのが象徴的便益という概念である。

■象徴的便益

　消費者は，所有物によって自分のアイデンティティを表現するだけでなく，他者の所有物を参考にしながら，自分自身を他者と比較することもある。これはモノが意味を持っていることを示す。

　モノの象徴的な意味は，多くは製造業者やメディアによって作られ，広められている。ケラー（Keller, 1998）は，象徴的便益は機能的便益とともに，ある製品やサービスについての連想を構成する重要な要素の1つに含まれるとしている。ケラーによれば，便益とはその製品やサービスの属性に消費者が付与する個人的価値や意味のことであり，機能的便益は製品関連属性と対応するもので，象徴的便益はとりわけ使用者イメージと対応するものだという。象徴的便益は，社会的承認，自己表現，自尊心といった基本ニーズと関連しており，消

費者が所有物と自己イメージを関連させる上で重要である。

　一方で，象徴的便益はモノやサービスのポジティブなイメージ形成につながるという点で，企業にとっても軽視できない要素である。企業は製品に付与した意味を活用し消費者を魅了しようと，製品の象徴的便益を継続的に訴求し続ける。その結果，消費者は製品の機能的便益だけでなく，それらの持つ意味を理解するようになる。たとえば，トヨタ自動車のミニバン型乗用車 VOXY は，2001年に「I am a father」というキャッチコピーでテレビ CM を展開して以来，「父になろう」「父と子は男旅しよう」「父にしてくれてありがとな」など，父親と息子の1つの理想的な関係性を伝え続けている。VOXY のユーザーは，製品の機能的な便益はもちろんであるが，同時に「理想の父親」というアイデンティティに共感して VOXY を所有している可能性も高いと考えられる。

2．所属意識と消費

　野球や駅伝など，大学対抗のスポーツを観戦するとき，自分が所属する大学を熱烈に応援し，相手チームに敵対心を持ってしまったという経験はないだろうか。また，そういった場で，母校のロゴの入った T シャツや旗を持って，自分がその大学の一員であることを示しながら応援する人たちを目にしたことはないだろうか。消費者が態度，行動，所有物を通じて所属集団のメンバーであることを示そうとするのは，その集団の社会的な名声やステータスが個々人のアイデンティティに反映されるためだとされる。以下では，準拠集団概念，社会的アイデンティティ理論について説明した上で，消費者とポジティブな関わりを持つ社会集団が消費者の態度に与える影響に着目したエスカラスとベットマン（Escalas & Bettman, 2003）の研究を紹介しよう。

■準拠集団

　個人の態度や行動の基準となる枠組みを準拠枠という。そして，その枠組みを提供する集団を準拠集団という。パークとレッシグ（Park & Lessig, 1977）は，準拠集団について，個人の評価，願望，行動に重要な関わりを持つと考えられる実際もしくは想像上の個人や集団と定義している。

準拠集団は大きく，所属集団（membership groups），願望集団（aspirational groups），拒否集団（dissociative groups）の3つに分類して捉えられる。所属集団は，家族や会社の同僚グループなど自分が実際に所属している集団のことであり，願望集団は所属したいと志向する憧れの集団である。また，拒否集団は，所属すると自分のアイデンティティを誤って認識される恐れがあるため，避けたいと思う集団である。

　準拠集団は消費者に，情報的影響，功利的影響，価値表出的影響という3つの影響を与えるとされる（Park & Lessig, 1977）。情報的影響とは，情報の獲得に関する影響であり，功利的影響とは，消費者の行動が他者の好みや評価に影響されることである。価値表出的影響は，自己概念を高めたり，維持しようとする動機と関係しており，自己表現のために自己と準拠集団を結び付けようとする過程で受ける影響だとされる。

■社会的アイデンティティ理論

　社会的アイデンティティ理論は，タジフェルとターナー（Tajfel & Turner, 1979）によって提唱された理論である。社会的アイデンティティとは，前述の通り，社会集団の一員として記述される自己の側面である。私たちが所属している多くの集団は，消費者にそれぞれ別個の社会的アイデンティティを与えているのである。

　ホッグ（Hogg, 1992）は，社会的アイデンティティ理論について次のように述べている。自己概念において社会的アイデンティティが顕著になっている時，人の知覚や行動は内集団ステレオタイプ的[3]になる。社会的アイデンティティは，自己評価機能を持っているため，人は自らが所属する内集団とそのメンバーに対して内集団びいきをし，自分自身が有利になるように集団間を比較する傾向が強まる。一方で，自分が所属していない外集団に対しては，知覚や行動が競争的で差別的なものになりやすい。

■所属集団や願望集団が使用するブランドの影響

　消費者は，自分とポジティブな関わりのある集団のイメージを自己概念に取り入れようとする。その場合，集団との関わりを直接的に示すこともできるが，

製品やブランドを通じてそれらを示す場合もある。エスカラスとベットマン（Escalas & Bettman, 2003）はこの点に着目し，消費者は所属集団や願望集団が使用するイメージを持つブランドに対して，強い一体感や心理的な結びつきを感じるのではないかと考えた。彼らは，消費者とブランドとの間に生じるこういった強いつながりを「自己とブランドとの結びつき（self-brand connection）」と呼んでいる[4]。

彼らの研究では2つの調査が行われた。第1の調査では，参加者の大学生は，まずキャンパス内で見られる様々な集団を挙げるように求められた。たとえば，国籍（米国人，ギリシャ人，アジア人など），年齢層（社会人学生，年配の学生など），専攻，課外活動などに関連する集団である。また，これらの社会集団に所属しているのか，または所属したいと思っているのかが質問された。そして，プリテスト[5]において参加者から挙げられた「自分にとって意味を持つブランド」のうち，回答数の多かった10のブランド（アディダス，コカ・コーラ，ギャップ，ジェイクルー，リーバイス，ナイキなど）について，それぞれの所属集団や願望集団で使用されていると思うかについて質問された。調査の結果，所属集団に対して強い所属意識がある場合，学生はその集団が使用しているブランドと自己との間に強い結びつきを感じることが確認された。また，願望集団についても同様の結果が確認された。

第2の調査では，自己確証，自己高揚[6]という消費者ニーズの違いに目が向けられた。彼らは，大学生を対象に現在所属している集団と将来所属したいと考える集団について質問を行った。また，プリテストにおいて参加者から挙げられた「自分と関連のあるブランド」のうち，回答数の多かった12のブランド（アディダス，ビー・エム・ダブリュー，ギャップ等）を対象に，自分が同一化している各集団でそれらのブランドが使用されているかどうかが質問された。そして，調査の最後に，参加者の自己確証と自己高揚の程度が測定された。その結果，自己確証を目標に持つ消費者は所属集団で使用されるブランドと，自己高揚を目標に持つ消費者は願望集団で使用されるブランドと，より結びつきを強めることが確認された。

エスカラスとベットマン（Escalas & Bettman, 2003）の研究は，ブランドと消費者との心理的な結びつきを準拠集団の価値表出的影響という視点から明ら

かにしようとしたものである。彼らは，社会的アイデンティティという言葉を明確には示していないものの，所有物は家族，コミュニティ，民族といった集団との結びつきを反映することで消費者の目的を果たすと述べ，こういった集団がブランドの意味を構築する重要な要因の1つであることを示唆している。

3．望まない意味を伴う製品やブランドを避ける意思決定

　所有物は自分のアイデンティティと深く関連するため，消費者は製品やブランドを慎重に選ぶ。一方で，それと同じぐらい注意深く「買わないもの」を選択する。つまり，消費者は自分のアイデンティティを誤って伝える可能性のある製品やブランドを所有しないことによって，自分が誰なのかを示そうとするのである。

　たとえば，共学校でありながら，「〇〇女子大附属中学校・高等学校」といった女子校をイメージさせる可能性のある名称の学校があったとしよう。たとえそこが学習環境の整った素晴らしい学校であったとしても，男子学生は無意識に志望校の選択肢から外してしまうかもしれない。実際，こういったことを懸念するからか，女子校や女子大が共学化する場合，名称を変更するケースは少なくない。このように，消費者がある特定の製品やブランドを避けようとする行動は，自分が所属していない外集団と関連する製品やブランドが，自分のアイデンティティと一致していないと感じるからではないだろうか。以下では，外集団からの影響について社会的アイデンティティ理論の視点からアプローチした2つの研究を紹介しよう。

■外集団の影響

　エスカラスとベットマン（Escalas & Bettman, 2005）は，消費者は自分が所属していない外集団と関連するブランドの社会的意味に対してネガティブな感情を抱くのではないかと考えた。具体的には，消費者は内集団と一致するイメージを持つブランドとは強い結びつきを感じるが，外集団と一致するブランドとは結びつきが弱いと仮定した。

　調査ではまず，参加者がキャンパス内で所属しているグループ名が問われ，

表12-1 参加者が挙げたグループ名とブランド名の例

参加者番号	グループのタイプ	参加者が記載したグループ名	グループと一致するブランド	グループと一致しないブランド
1	内集団	保守グループ	ポロ	パシフィックサンウエア
1	外集団	ヒッピーグループ	ビルケンシュトック	バナナリパブリック
2	内集団	研究者グループ	ゲス	リーバイス
2	外集団	体育会系グループ	ナイキ	グッチ
3	内集団	ビジネススクールグループ	アイビーエム	マーサスチュワート
3	外集団	バスケットボールグループ	ナイキ	ドクターマーチン

Escalas & Bettman (2005) を基に作成。

　その後，所属グループと一致するブランド，一致しないブランドを1つずつ挙げるよう指示が出された。次に，キャンパス内で所属していないグループ名と，そのグループに一致するブランド，一致しないブランドを1つずつ挙げるよう求められた（表12-1）。これらの質問の後に，所属しているグループと所属していないグループに対して参加者自身が感じている一致度が測定され，最後にアジア系，ヒスパニック系，白人系，その他といった参加者の民族に関する質問が行われた。

　分析の結果，消費者は内集団と一致しているブランドに対して強い結びつきを感じる一方で，外集団と一致するブランドに対しては結びつきが弱いことが示された。彼らは，さらに参加者の文化的自己観[7]の違いにも目を向けた。白人系の消費者は，社会的な自己観の強いアジア系やヒスパニック系の消費者に比べ，自己に焦点を当てる相互独立的自己観が強い。エスカラスとベットマンは，自分のアイデンティティを誤って伝える可能性のある外集団と関連するブランドに対して，白人系消費者の評価がより低くなると考えたのである。

　彼らの予想した通り，白人系の参加者はアジア系・ヒスパニック系の合同グループの参加者に比べ，外集団と一致するブランドとの結びつきが弱いという結果になった。また，内集団と関連するブランドとの結びつきが強く，外集団と関連するブランドとの結びつきが弱くなるという傾向は，象徴性が高いブランド[8]でより顕著になることも明らかになっている。

　エスカラスとベットマンの研究は，社会的アイデンティティ理論における外

集団差別に着目した点で，集団の社会的影響に関する研究を進展させた。ただし，彼らは外集団について「自分が所属していない集団」という大まかな捉え方に留まっていることを課題に挙げ，外集団の種類をより厳密に見ていく必要があるとした。外集団といっても，自分にとって重要度の低いものもあれば，明らかに距離を置きたいと考える集団もあるからである。そこで次に，この問題に取り組んだホワイトとダール（White & Dahl, 2006）の研究を紹介しよう。

■拒否集団の影響

ホワイトとダールは，外集団の中でも，消費者が避けたいと考える拒否集団の影響に着目した。具体的には，男性の参加者にとって拒否集団である女性をイメージさせる「レディースカット」というステーキのメニュー名に対して，彼らがどのような反応を示すのかを確認した。

ホワイトとダールは，まず男子大学生の参加者に対して次のようなシナリオを呈示し調査を行った。「あなたは仕事で招かれた会食の場で，前菜，メイン，デザートをメニューから選ぶことになった。ステーキをメインに選択する場合，12オンス，10オンスという2種類のサイズの中からどちらか1つを選ばなくてはならない」。その上で参加者は，「ハウスカット（12オンス）」「シェフズカット（10オンス）」という，拒否集団をイメージさせるメニューが含まれないグループと，「ハウスカット（12オンス）」「レディースカット（10オンス）」という，拒否集団をイメージさせるメニューが含まれるグループに分けられた。

調査の結果，「レディースカット」は同サイズの「シェフズカット」に比べ，選択率，メニューに対する評価ともに低い結果になった。たとえば，「シェフズカット」を選択した人は47.0％であったのに対し，「レディースカット」を選択した人はわずか5.3％，9段階で測定されたメニューに対する評価は，「シェフズカット」が7.90ポイント，「レディースカット」は6.80ポイントであった。また，メニュー名に「レディースカット」が含まれる条件の参加者グループでは，94.7％が大きいサイズの「ハウスカット」を選択した。このように，1つ目の調査では，拒否集団と自分のアイデンティティが結びつかないよう，拒否集団をイメージさせる製品を避ける傾向が確認された（図12-1）。

また，ホワイトとダールは拒否集団をイメージさせる製品を避ける傾向は，

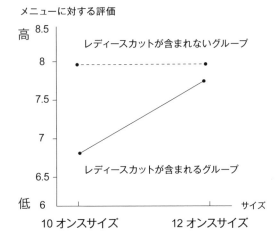

図12-1　男性参加者のステーキ・メニューに対する評価　White & Dahl（2006）を基に作成。

他者に見られているときにより顕著になるのではないかと考えた。2つ目の調査では，男子大学生に対して「企業の研修コースに参加し，終日行われたワークショップ後にホテルの部屋でディナーを注文する」というシナリオが呈示された。さらに小さいサイズのステーキを選択してもらえるよう，「ランチの時間が遅かったので，それほどおなかはすいていないが，メインにステーキを頼みたいと思っている」という一文がシナリオに加えられた。調査の結果，1人で部屋にいる状況で「レディースカット（10オンス）」を選択した参加者は50.0％であったが，部屋に他者がいる状況では15.0％に留まった。

　ホワイトとダールの研究は，消費者は外集団の中でも，特に自分が関わりたくないと感じる拒否集団と関連する製品に対して，ネガティブに反応することを明らかにした点で重要性が高い。さらに，拒否集団と関連する製品を避けようとする欲求は，他者から見られている時に顕著になることが示され，拒否集団は内集団と同様に消費者のアイデンティティと深く関わることも確認された。

4．製品・ブランドとの同一化とユーザー間のつながり

　消費者は，製品やブランドに同一化することで，同じような想いを持つ他の消費者と共感しやすくなることがある。冒頭で述べたハーレーダビッドソンのユーザー組織である H.O.G もその1つの例だろう。対面，ウェブサイト，SNS などによって情報交換をしたり，製品やブランドの使用に関して助け合ったり，一緒にイベントに参加するなど，それまで何の結びつきもなかった消費者同士がモノの所有をきっかけに結びつくのである。

　こういった消費者集団を代表する概念の一つに，ムニスとオーグィン (Muniz & O'Guinn, 2001) が提唱したブランド・コミュニティがある。このブランド・コミュニティのメンバーに見られる意識や行動もまた，社会的アイデンティティ理論によって説明できる部分が大きい。以下では，ブランド・コミュニティとはどのような集団なのか，そしてそのメンバーにどのような態度や行動が見られるのかを確認していこう。

■ブランド・コミュニティと所属意識

　ブランド・コミュニティとは「あるブランドを慕う人々の社会的関係から成り立つ，地理的な制約のない，特殊なコミュニティ」と定義される概念である (Muniz & O'Guinn, 2001)[9]。ムニスとオーグィンは，ブランド・コミュニティの存在を見つけ出しその特徴を分析するという，当該領域における先駆的な研究を行った。彼らは，ブランド・コミュニティの特徴として以下の3点を挙げている。第1に「同類意識」である。これは，ブランド・コミュニティのメンバーが互いに強い結びつきを感じることであり，同時に他ブランドのユーザーとは異なるという共通した感覚でもある。第2に，消費経験の共有である。これは「儀式と伝統」と呼ばれ，コミュニティ内の慣習や儀式，そのブランドが持つ歴史やストーリーをメンバーと共有することを指す。最後に，コミュニティとそのメンバーに対する義務の感覚である。これは「道徳的責任の感覚」と呼ばれ，トラブルなどで困っているメンバーを助けたり，新しく入ったメンバーを気遣うといった内容が含まれる。

アルジェシャイマーら（Algesheimer, Dholakia, & Herrmann, 2005）は，ブランド・コミュニティへの所属意識が消費者の意識や行動にどのような影響を与えるのかを検討した。彼らは，ドイツ，スイス，オーストリアにある282の自動車のコミュニティに所属するメンバーを対象に調査を行い，消費者がブランドとの間に強い結びつきを感じると，ブランド・コミュニティに対する所属意識が高まること，そうした所属意識の高まりは，コミュニティへの積極的な参加意向に影響し，さらにはそのブランドに対する購買意向を高めることを確認している。

■ブランド・コミュニティにおける内集団びいきと外集団差別

トンプソンとシンハ（Thompson & Shinha, 2008）は，ブランド・コミュニティのメンバーが新製品を選択する際，どのように意思決定を行うのかについて社会的アイデンティティ理論に基づいて分析している。

ブランド・コミュニティ研究ではそれまで，メンバーがコミュニティに対して社会的同一性を高め，内集団びいきを強めることで，自分たちの支持するブランドをより高く評価しようとする傾向が確認されてきた。それに対しトンプソンとシンハは，メンバーはロイヤルティを高めるだけでなく，外集団，つまり競合ブランドに対して否定的になり，対抗的ロイヤルティ（oppositional loyalty）が生じると考えたのである。

彼らは，ブランド・コミュニティに高い頻度で参加するメンバー，また長期間所属しているメンバーほど，好みのブランドから発売される新製品を採用する可能性が高くなり，一方で競合製品を採用する可能性が低下するのではないかと考えた。また，消費者のこういった行動は，新製品が好みのブランドと競合ブランドの両方から入手可能である場合にのみ生じると仮定し，次のような調査を行った。

まず，PCのパーツであるx86マイクロプロセッサと3Dビデオカードという2つの市場を対象に，オンライン上のフォーラムへの投稿データ等を収集した。マイクロプロセッサではIntelとAMD，3DビデオカードではATIとNVIDIA（エヌヴィディア）という主要ブランドのコミュニティ4つが対象とされた。マイクロプロセッサ市場では，AMD，Intelの両方のブランドの新製

表12-2 競合ブランドの新製品採用可能性

マイクロプロセッサ (Intel, AMDともに入手可能な状況)		3Dビデオカード (NVIDIA新製品のみ入手可能な状況)	
フォーラム参加状況	Intel新製品の採用可能性	フォーラム参加状況	NVIDIA新製品の採用可能性
AMDフォーラムへの投稿	低下↘	ATIフォーラムへの投稿	影響なし
AMDフォーラム継続期間	低下↘	ATIフォーラム継続期間	影響なし
Intelフォーラムへの投稿	上昇↗	NVIDIAフォーラムへの投稿	上昇↗
Intelフォーラム継続期間	上昇↗	NVIDIAフォーラム継続期間	上昇↗

Thompson & Shinha (2008) を基に作成。

品が実際に入手可能な状況下で，また3Dビデオカード市場については，NVIDIAのみの新製品しかなく，ATIの新製品は購入できないという実際の状況下で調査が行われた。

その結果，両方のブランドの新製品が入手可能というIntelとAMDのケースでは，コミュニティへの参加頻度が高く，所属期間が長いほど，好みのブランドを採用する可能性が高まり，競合製品を採用する可能性が低くなることが確認された。一方，NVIDIA一社の新製品しか入手できないケースでは，NVIDIAのメンバーは参加頻度が高く，所属期間が長いほどNVIDIAを採用するが，ATIのメンバーは参加頻度や所属期間に関わらず，競合製品の採用に関して有意な結果は得られなかった。

つまり，市場に2つの新製品が販売されており，どちらも選べる状況にある時に，メンバーの社会的アイデンティティが顕現化し，内集団びいき，外集団差別がロイヤルティと対抗的ロイヤルティとなって表れることが示されたのである（表12-2）。

本章で説明してきたように，消費者は他者に対して「自分がどのような人物であるのか」を伝えるためにモノを活用すると同時に，モノを通じて他者とつながり，協力し合うこともある。つまり，モノを消費するということは，自分が社会の中でどう生きていくのかということと深く関係する。あなたはこれま

で，いつ，どこで，どのようなモノを選択してきただろうか。あなたの所有する様々なモノを改めて眺めてみると，その多くが「わたしたち」という集団の中で，他者の影響を受けながら選択されてきたモノであることを実感するのではないだろうか。

注
1. たとえばJames（1892, 邦訳p. 241）は，自己概念は「物質的自己」「社会的自己」「精神的自己」から形成されるとしている。また梶田（1988, p. 82）は，自己概念の主要な構成要素として「自己の現状の認識と規定」「自己への感情と評価」「他者から見られている自己」「過去の自己についてのイメージ」「自己の可能性と未来についてのイメージ」「自己に関する当為と理想」を挙げている。
2. Prelinger（1959）は，人が自己の一部とみなす可能性のある対象物として，身体の部分，心理的過程や体内的過程，個人の特徴や属性，物的所有物や製品，抽象的概念，他の人々，距離の近い物理的環境の中にある対象物，距離の離れた物理的環境，という8つのカテゴリーを挙げている。
3. 内集団ステレオタイプとは，自己が所属する集団（つまり内集団）のメンバーみんなが持っていると考えられている典型的な特徴のことを指す。
4. 彼らの用いた測定尺度の項目から，自己とブランドとの結びつきには，ブランドとの同一化，自己の一部，ブランドによる自己表現といった要素が含まれると考えられる。
5. Escalas & Bettman（2003）は，参加者の大学生にとって意味を持つブランドを把握するため，プリテストにおいて「格好いいブランド」を5つ，「絶対使わないブランド」を5つ挙げるよう参加者に求めた。その上で，両方のカテゴリーを横断して高い頻度で挙げられた10のブランドが調査に使用された。
6. Escalas & Bettman（2003）は，自己確証について，自分に対する他者の評価が自己概念と矛盾しないように保とうとすること，また自己高揚について，自己評価をポジティブな方向により高めていきたいと思うことと説明している。自己高揚については10章を参照のこと。
7. Escalas & Bettman（2005）は，自己概念は背景となる文化の違いによっても影響されると述べている。そして，西洋では個人としての自己に焦点を当てる相互独立的自己観，東洋では社会的な自己に焦点を当てる相互協調的自己観が優勢であるが（Markus & Kitayama, 1951），個人はこの両方の自己観を持ち，相対的な強さによって顕現するその側面が決まると説明している。
8. Escalas & Bettman（2005）は，象徴性の高いブランドは参加者によって捉え

方が様々であるとしている。そのため特定のブランドを象徴性の高いブランドとして設定するのではなく，参加者の挙げたブランドについて「自分を象徴する程度」「そのブランドがブランド使用者に関する情報を伝達できる程度」について測定し，それに基づき分析を行っている。
9．ここで言う「コミュニティ」は「共同体」とほぼ同義であると考えられる。なお，Muniz & O'Guinn（2001）が対象としたブランド・コミュニティは消費者主導のものであるが，ハーレーダビッドソンのH.O.Gに代表されるような企業主導のコミュニティも多数ある。

引用文献

Algesheimer, R., Dholakia, U. M., & Herrmann, A. (2005). The social influence of brand community: evidence from european car clubs. *Journal of Marketing, 69(3)*, 19-34.
Belk, R. W. (1988). Possessions and the extended self. *Journal of Consumer Research, 15(2)*, 139-168.
Escalas, J. E., & Bettman, J. R. (2003). You are what they eat: the influence of reference groups on consumer's connections to brands. *Journal of Consumer Psychology, 13(3)*, 339-348.
Escalas, J. E., & Bettman J. R. (2005). Self-construal, reference groups, and brand meaning. *Journal of Consumer Research, 32(3)*, 378-389.
James, W. (1892). *Psychology: briefer course*. Macmillan.（ジェームズ，W. 今田恵（訳）(1939).心理学　岩波書店）
Goffman, E. (1961). *Asylums: Essays on the social situation of mental patients and other inmates*. Doubleday.（ゴッフマン，E. 石黒毅（訳）(1984). アサイラム――施設収容者の日常世界　誠信書房）
Hogg, M. A. (1992). *The social psychology of group cohesiveness: From attraction to social identity*. New York University Press.（ホッグ，M. A. 廣田君美・藤沢等（監訳）(1994). 集団凝集性の社会心理学――魅力から社会的アイデンティティへ　北大路書房）
池内裕美・藤原武弘・土肥伊都子（2000）．拡張自己の非自発的喪失――大震災による大切な所有物の喪失調査結果より　社会心理学研究, 16(1), 27-38.
梶田叡一（1988）．自己意識の心理学　東京大学出版会
Keller, K. L. (1998). *Strategic brand management: Building, measuring, and managing brand equity*. Prentice Hall.（ケラー，K. L. 恩蔵直人・亀井昭宏（訳）(2000). 戦略的ブランド・マネジメント　東急エージェンシー）
Markus, H. R., & Kitayama, S. (1991). Culture and the self: Implications for cognition, emotion, and motivation. *Psychological Review, 98(2)*, 224-253.
Muniz, A. M. Jr., & O'Guinn, T. C. (2001). Brand community. *Journal of Consumer Research, 27(4)*, 412-432.

Park, C. W., & Lessig, V. P. (1977). Students and housewives: differences in susceptibility to reference group influence. *Journal of Consumer Research, 4(2)*, 102-110.

Prelinger, E. (1959). Extension and structure of the self. *Journal of Psychology, 47*, 13-23.

Tajfel, H., & Turner, J. (1979). An integrative theory of intergroup conflict. In W. G. Austin, & S. Worchel (Eds.), *The Social Psychology of Intergroup Relations* (pp. 33-47). Cole.

Thompson, S. A., & Sinha, R. K. (2008). Brand communities and new product adoption: The influence and limits of oppositional loyalty. *Journal of Marketing, 72(6)*, 65-80.

打田稔 (2009). ハーレーダビッドソンの世界 平凡社

White, K., & Dahl, D. W. (2006). To be or not be? The influence of dissociative reference groups on consumer preferences. *Journal of Consumer Psychology, 16(4)*, 404-414.

(宮澤 薫)

13章　欲しいものがなくならない？
消費欲求と消費社会

　「今，欲しいものがありますか？」　そう聞かれて，あなたは何と答えるだろうか？　「特にない」という答えが多いのではないだろうか。だが，お店の中で，あるいはネットで見て，または人が持ったり使ったりしているのを見聞きして，「欲しい」と思うことは結構あるだろう。

　物の不足感が大きかった貧しい時代には，人びとが欲しいものや必要なものは，はっきりと自覚された。しかし豊かな時代に生きる私たちは，自分が欲しいものを周りからの影響によって知ることが多くなっている。このように人びとの消費欲求は，経済発展の状況に規定され，また，それぞれの時代の社会関係の中で形づくられるもののようだ。インターネットを介して，消費者個々が発信する情報が縦横に行き交う時代では，消費欲求の社会的相互依存性はこれまで以上に高まっているのではないだろうか。消費欲求と消費社会の関係について考えてみよう。

1．消費欲求の社会的相互依存性

　消費社会[1]における私たちの欲求の多くは，社会的・文化的に規定される。消費支出のほとんどすべてを必需消費が占める時代から，人々の生活が豊かになり自由裁量消費の比率が高まる大衆消費社会に移行すると，消費欲求の社会的相互依存性も高まっていった。

■模倣と誇示の欲求

　消費欲求の社会的相互依存性については，19世紀後半の経済社会環境の下，「模倣の法則」や「誇示的消費」として指摘されるようになる。この時期の欧米社会では，第二次産業革命の進展により経済成長が目覚ましく，人びとの購買力が上昇し，消費が活発になった。特にアメリカの1870年代，80年代は「金ぴか時代（あるいは，金メッキ時代）」と称され，拝金主義や物質主義が広がりを見せていた。

　そうした時代のアメリカ消費社会を，誇示的消費（見せびらかし消費）の概念を用いて説明したのが，経済学者ヴェブレンである。1899年にヴェブレンは『有閑階級の理論』（Veblen, 1899）を出版する。ヴェブレンによれば，社会の各階層に属する人々は，自分たちより一段上の階層の生活様式を理想とし，消費する財の量と質をそのレベルに引き上げ，「慣例的な礼節の水準」[2]に従って生活しようとする。ヴェブレンが描いたのは，消費行動が社会的に形作られるという側面である。

　一方，フランスの思想家・社会学者タルドは『模倣の法則』（Tarde, 1890）で，模倣が上層から下層へ進行するという法則を説明する。また，ドイツの社会学者ジンメルは，1904年に発表した論文「ファッション」（Simmel, 1904）で，模倣と誇示の欲求として流行を説明する。ジンメルが指摘したのは，「エリート層が流行を創出し，大衆が，階層の外的区別を抹消しようとエリート層の流行を模倣するとき，エリート層は，より新しいモードに向けてその流行を放棄する」[3]という流行の過程である。

　19世紀後半の消費社会の萌芽期は，中間層が増加し始める時期ではあったが，社会の階層差は歴然としていた。そうした時代における消費行動の社会的な性格を明らかにしたのが，ヴェブレンやタルド，ジンメルらであった。

■他者指向の強まり

　20世紀に入ると欧米に加え日本でも大量生産・大量消費の産業システムが経済成長を促し，豊かな中間層を形成するようになる。第一次世界大戦後の1920年代にはラジオ放送の開始と普及が大衆文化の広がりを促進した。さらに，第二次世界大戦が1945年に終わると，戦後のベビーブームによる人口増，産業復

興と相次ぐ新製品の市場投入，テレビの登場と普及，旺盛な消費意欲と購買力の向上は，高度経済成長と豊かな大衆消費社会の実現を可能にした。

　他国に先駆けて豊かな社会が到来したアメリカでは，消費に関する他者の影響を論ずる多くの視点が提供された。それは，階層の上から下へという影響ではなく，同時代人としての他者の影響であり，直接接触のある他者だけでなく，マスメディアを通じた間接的な他者の影響を含むものである。

　経済学者のデューゼンベリーは『所得・貯蓄・消費者行為の理論』(Duesenberry, 1949) で，選好の相互依存性という仮説を示した。この仮説は，現在および将来の消費水準や消費欲求が，他者の消費行動によって影響を受けるという考えであり，デモンストレーション効果とも呼ばれる。同じく経済学者のライベンシュタインは「消費者需要理論におけるバンドワゴン，スノッブ，ヴェブレン効果」と題する論文 (Leibenstein, 1950) で，消費者需要を機能欲求（商品自体に備わった質への欲求）と非機能欲求に二分し，最も重要な非機能欲求として3つの「効用に対する外部効果」を取り上げた[4]。各効果は，他者の消費行動が欲求を増大させるバンドワゴン効果（「時流に乗っていたい」など），逆に他者の消費行動が欲求を低下させるスノッブ効果（「大勢と一緒はいや」など），値段が高いことが欲求を増大させるヴェブレン効果，である。ライベンシュタインはヴェブレン効果を価格の関数，スノッブ効果を他者消費の関数として両者を区別している。

　一方，社会学者のリースマンは『孤独な群衆』(Riesman, 1950) において，他者指向型人間が出現し，アメリカだけでなく先進的工業国の都市住民の間に一様に拡がりつつあることを指摘した。他者指向型人間は外部の他者たちの期待と好みに敏感であり，大衆文化がそうした他者指向型の消費者を育てる道具になっていると，リースマンは説明する。

　経済学者ガルブレイスが『ゆたかな社会』(Galbraith, 1958) で指摘したのは，消費欲求の「依存効果」[5]である。貧しい時代には消費欲求が必要により生じ，自分の欲しいものが何かわからないという人はいなかったが，今や自分の欲求を意識できず，企業のマーケティング活動によって消費欲求が造り出されていることをガルブレイスは指摘した。

■自由裁量消費と非機能欲求

　豊かな社会が実現し生活水準が向上すると，所得増に伴う消費の増加は必需消費だけでなく自由裁量消費に向かうようになる。それに伴い消費欲求は，機能欲求から非機能欲求へとシフトしていく。

　必需消費は，生活する上でどうしても必要な商品の消費である。人びとは必要とする便益の不足や欠乏を感じた場合に，その機能を持つ商品を手に入れたいと動機づけられる。このように機能欲求は実利的な欲求であり，必需消費が消費の大半を占める時代には，欠乏動機が消費行動の中心的な動機となる。

　しかし自由裁量消費が拡大するにつれ，非機能欲求が消費行動の動機として優勢になってくる。1950年代から60年代にかけて物質面で生活の豊かさが右肩上がりに向上していく時期には，デモンストレーション効果や依存効果が大きくなった。大衆社会で拡がる他者指向の傾向が消費面においても顕著となり，「人並みの消費」に向けて消費欲求の社会的相互依存が強く見られた時代である。

　1970年代から80年代になると物質面での豊かさを享受する生活様式が一段と広がると同時に，消費者の意識に脱物質主義の傾向が芽生え始める。サービス消費が活発になり，人びとは人並みより個性化を目指すようになる。人びとの欲求は他者指向という非機能欲求から，個性や差異を追及する非機能欲求へと変化していく。こうした消費欲求の変化は，大衆市場（マスマーケット）から分衆・少衆[6]の市場へと変化を促した。

　このように社会が物質的に豊かになるにつれて，人びとの消費欲求は機能欲求から非機能欲求が優勢となる時代に移行し，さらに非機能欲求の中身が，人並み志向から個性志向に変化していった。次節では，欲求を階層構造としてとらえる心理学者マズローが高次欲求と位置付けた自己実現欲求に注目し，個性化を目指す欲求について考えてみよう。

2．基本的欲求のヒエラルキー

　マズローは私たちの行動を動機づける基本的欲求を，生理的欲求，安全の欲求，所属と愛の欲求，承認の欲求，自己実現の欲求に分類し，欲求間には一種

の優先序列の階層が存在することを指摘した。マズローが自身の臨床経験をもとに定式化した基本的欲求階層の理論について，『[改訂新版] 人間性の心理学──モチベーションとパーソナリティ』（Maslow, 1954）から紹介し[7]，消費欲求に当てはめて考えてみよう。

■マズローの基本的欲求の階層説

　あらゆる欲求の中でもっとも優勢な基本的欲求は，飢えや渇きを満たすなどの「生理的欲求」である。のどの渇きや空腹が限度を超えると何も手につかなくなるが，手近な飲料や食品を口にすることで人心地つき，ようやくものを考えることができる──そんな経験は，誰もがしている。

　生理的欲求に支配されることから解放されると，社会的な欲求が出現する。その中でもっとも優勢な欲求が，「安全，安定，依存，保護，恐怖・不安・混乱からの自由，構造・秩序・法・制限を求める欲求，保護の強固さなど」[8]への欲求，つまり「安全の欲求」である。各種保険（医療，年金，介護，雇用，労災，損害など）に加入したり貯蓄に励むなどは，安全や安定の欲求に動機づけられた行動と考えられる。

　生理的欲求と安全欲求の両方が満たされると「所属と愛の欲求」が現れてくる。愛情ある関係，親愛の情を持って誰かとつながっていたいという欲求である。家族旅行や家族で誕生日を祝うなどの家族行事，仲間で同じ物を身につけるなどの消費行動は，「所属と愛の欲求」に動機づけられたものと考えられるだろう。

　次いで出現するのは「承認の欲求」である。自己尊重や他者からの承認に対する欲求であり，地位に見合った服装や持ち物を心がけるなどの消費行動は，自尊や承認の欲求に動機づけられたものと考えられるだろう。

　生理的欲求，安全の欲求，所属と愛の欲求，承認の欲求という基本的欲求がある程度満たされると，それを基礎にして出現するのが「自己実現の欲求」である。自己実現欲求は，自己充足への願望，よりいっそう自分自身であろうとする願望，独自性欲求であり，内容は人により大きく異なる。好きな音楽に時間とお金を注ぎ込むなどは，自己実現欲求に動機づけられた消費行動といえるだろう。

マズローは，生理的欲求，安全の欲求，所属と愛の欲求，承認の欲求という基本的欲求が「欠乏動機」であるのに対し，自己実現欲求は「成長動機」であると位置づける。「成熟，表出，成長といった現象あるいは自己実現などはすべて，欠乏しているものを求めるという一般になされている動機づけの法則の枠からはみ出ており，対処（コーピング）としてよりむしろ内的心理的過程の表出と考えた方が良い」[9]と指摘する。高次欲求である自己実現欲求が満たされることにより，「真の幸福，平静さ，内的生活の豊かさ」[10]という主観的結果がもたらされるという。

■関係への欲求という視点

なお，マズローが示す5つの欲求階層のうち，所属と愛の欲求，承認欲求を合わせて「関係への欲求」と捉える見方がある。「関係への欲求」は，ネットワーク社会が進展し，シェア経済[11]が広がる現代において，重要性を増している。

ちなみにマズローは，安全欲求，所属と愛の欲求，承認欲求は，他者のみが満足させることができる欲求であるという。これらの欲求に動機づけられている人は他者の是認，愛情，善意に敏感で，他者指向であるという。一方，基本的欲求がある程度満たされた，自己実現の段階にある人では，他者への依存が少なく，自立的，自己指向的であるという。

■差異への欲求

心理学者のマズローは自己実現欲求を成長動機と捉えるが，社会学者や文化人類学者は「差異動機」と捉える。社会学者の今田高俊は，差異動機を次のように説明する。

> 豊かな社会が到来して「必要からの解放」が達成された段階で，生きがいとか余暇などの自己実現欲求が叫ばれるようになった。自己実現は最高次の欲求段階だから，次の段階をめざした《欠乏動機》は働かない。すると今度は，いかに個性的な自己実現をするかが，人びとの動機の中心になっていく。個性をめざすということは，違いのなかに動機の要因を見いだ

すことであり，ここに《差異動機》という発想が登場してくる根拠がある。個性化，多様化が叫ばれるのは，《欠乏動機》から《差異動機》への転換が進みつつあることの証拠である。欠乏動機が支配的な段階では，欲求の段階を上昇することが目的となるから，ある段階の欲求充足の仕方が画一化・均一化することは，それほど問題とならない。というのも差異や違いは，欲求段階を上昇することのなかに暗黙のうちに含まれているからである。　　　　　　　　　　　　　　　　　　　（今田，1987, pp. 32-33）

　消費行動における差異動機は，社会的意味を表す記号としてモノを利用することにつながる。社会的意味への欲求について考えてみよう。
　フランスの思想家ボードリヤールの『消費社会の神話と構造』(Baudrillard, 1970) や，イギリスの文化人類学者ダグラスとイシャウッドの『儀礼としての消費——財と消費の経済人類学』(Douglas & Isherwood, 1979) は，ともにモノを意味表示の記号としてとらえる消費論を展開する。
　ボードリヤールによれば，消費行動を動機づけるのは，特定の機能を持つモノの使用価値ではない。モノは自分を他者と区別する記号であり，差異への欲求（社会的な意味への欲求）が消費行動を動機づけると考える。
　また，ダグラスとイシャウッドによれば，消費の基本的機能は意味を表示することである。モノが必要とされるのは，生存と誇示（見せびらかし）のためではなく，「文化のカテゴリーを可視的かつ安定的な形で示すため」[12]であると主張する。
　このように，豊かな社会の到来は人々の消費欲求を高次の段階に引き上げ，成長動機あるいは差異動機が注目されるようになった。差異動機はモノの消費に関連して論じられるが，人びとの生活が物質的に豊かになり，サービス消費の拡大が目立つようになると，モノ・サービス両方の消費を念頭に消費欲求が考えられるようになる。そこで次節では，経験としての消費という視点から，楽しさや幸せを求める快楽欲求について考えよう。

3. 快楽重視にシフトする消費欲求

消費欲求の分類の一つに,実利欲求[13](utilitarian needs) と快楽欲求 (hedonic needs) がある。実利欲求は,商品に備わった機能がもたらす便益を得ることへの欲求である。一方,快楽欲求は主観的で経験的な欲求であり,感動やワクワク感,楽しさや幸せなどの感情を,モノ・サービスの消費経験を通して得ることへの欲求である。

■経験としての消費

高度経済成長期の消費欲求は,実利欲求が優勢であった。人びとは幸せな生活のためにモノの豊かさを求めた時代である。しかし,物質的豊かさを享受するようになると,人びとはゆとりや心の豊かさを求めるようになった[14]。経済発展に伴う豊かさ観の変化は,消費欲求の変化をもたらし,実利欲求が優勢な時代から,消費の経験そのものがもたらす喜びや幸せという快楽への欲求が優勢となる時代へ変化した。

消費者行動研究者のハーシュマンとホルブルックは,消費の経験的側面に注目した (Hirschman & Holbrook, 1982)。彼らが研究対象としたのは,従来研究対象とされてきたパッケージ製品や耐久財ではなく,演劇や音楽,造形美術,あるいはサブカルチャー,大衆文化などの文化芸術領域である。彼らは,「五感で感じる空想や感動といった,製品の使用経験に関わる消費行動」を「快楽消費」と呼ぶ。

マーケティング学者の石井淳蔵は,ハーシュマンとホルブルックの研究を引用しながら,消費行動の目的が「生きがい」や「面白さ」のように漠然としている場合,実際に消費対象を消費する中で徐々に消費欲求が鮮明になることを指摘する (石井, 1993)。快楽消費は,商品に備わった機能を必要として,それを手に入れようとするような,明確な目的がある消費行動ではない。つまり,快楽消費は,機能欲求あるいは実利欲求に基づく問題解決行動としての消費とは異なる。快楽消費は,経験を通して楽しさや感動,幸せを感じる消費行動であり,自己実現欲求,差異や意味を求める欲求に関わる消費行動である。

次項では，快楽消費の対象を文化芸術分野に限らず，パッケージ製品や耐久財などモノ全般に広げてみよう。モノ・サービスの消費経験は，快楽欲求を満たし，幸せ感をもたらすのか，実証研究をもとに考えてみよう。

■**幸せを求めて**

　2000年代に入り，経済学，心理学，社会学，政治学など幅広い学問分野で幸福研究が盛んになった。そんな中，消費行動についても幸福感との関連を実証的に研究する例が出始めた。そのいくつかを紹介する。

　「人びとを幸せな気持ちにさせるお金の使い方」についての実証研究は，「モノへの支出」と「経験への支出」を比較することから始まった。先駆けとなったのは，社会心理学者のボーヴェンとギロヴィッチの実証研究であろう（Boven & Gilovich, 2003）。彼らは，大学生を対象にした3種類の調査と，全国の成人を対象にしたより大規模な調査をおこない，モノへの支出と経験への支出のどちらがより幸福感につながるかを調べた。彼らは，消費対象をモノと経験に明確に二分することの難しさを指摘した上で，お金を使う意図をもとに消費対象を区分した[15]。調査の結果は，モノへの支出より経験への支出のほうがより大きな幸福感をもたらすということであった。

　ボーヴェンとギロヴィッチはこの結果について3つの理由を挙げている。1つ目は，経験については，時間がたっても幸せな気持ちが続くが，モノは新しいモノの登場によって評価基準が変わり，満足レベルを維持することが難しい，ということである。2つ目は，経験は個人の成長に関連する内面の目標を満足するので，アイデンティティの中心に位置づけられる，ということである。3つ目は，経験はモノ所有にくらべて本質的に社会的であり，社会関係の効果的な促進に役立つ，ということである。

　ボーヴェンとギロヴィッチの研究をふまえ，ハウエルとヒル，および，カパリエッロとレイスは，それぞれ経験への支出と幸福感の関連を媒介する要因について研究した。ハウエルとヒルは大学生を対象とした実験調査をおこない，人との関連を求める心理的欲求の充足と，社会的比較の減少[16]が，経験への支出と幸福感を媒介することを明らかにした（Howell & Hill, 2009）。

　一方，カパリエッロとレイスは「社交－単独（social-solitary）」と「経験－モ

ノ (experiential-material)」の2つの要因を掛け合わせた2×2のデザインで調査し，社交の文脈と製品タイプが幸福感に与える効果を明らかにした (Caprariello & Reis, 2013)。最も幸福感が高いのは，他者と共有する経験を得ることにお金を使う「社交型の経験への支出」である。単独での経験の場合は，モノへの支出より幸福感は低くなる。

以上の研究から浮かび上がるのは，「社交」「経験」「共有」を伴う消費行動が幸福感につながるということである。シェア経済における消費行動を動機づけているのは，人との関係を求める「関係への欲求」と，幸せを求める「快楽欲求」の両方だといえるだろう。

4．欲しいものはなくならない

人びとが求める豊かさは，経済社会の変化に合わせて時代により変化してきた。モノの豊かさからゆとりや心の豊かさへ，そして今，ゆとりある心豊かな生活，幸せな生活を送るために，人びとは他者とのつながり，社会とのつながりの豊かさを求めている。消費行動を通じて人と時間を共有し，経験を共有する――そうした他者との社会的つながりが豊かさとなっているのである。

このような豊かさの変化とともに，消費欲求は変化してきた。モノの豊かさを求めた貧しい時代は，欠乏動機が消費を動かし，機能欲求や実利欲求が優勢であった。高度経済成長期に入り，物質的豊かさが右肩上がりに増す大衆消費社会が到来すると，消費欲求は社会的相互依存性を増していった。誇示的消費が注目され，消費行動のデモンストレーション効果や依存効果が指摘された。高度経済成長期から安定成長期に移行する時代になると，物質的豊かさを享受する人びとの消費行動は，それまでの画一化・標準化から多様化や個性化の方向に転じた。欠乏動機よりも差異動機が消費を動かすようになったからである。消費欲求は，機能や実利を求めるものから，生きがいや幸せを求める自己実現欲求や快楽欲求が優勢となる。そして2000年代に入ってネットワーク社会が一段と進展する時代になり，シェア経済が広がるにつれて，つながりへの欲求が増している。

経済成長に伴い，人びとが求める豊かさは変化し，消費欲求も変化し重層化

してきた。消費欲求は，生理的欲求のような生存のための欲求以外は，社会的な性質をもつ欲求である。消費欲求が，時代の移り変わりに応じて変容するそれぞれの社会の中で形づくられる以上，欲しいものの内容は変わっても「欲しいものはなくならない」――みなさんはどう考えるだろうか？

注

1. 本章では，消費社会について次のように定義しておく。「自給自足の生活を中心とする社会から，産業革命，消費革命を経て，必要な商品を市場から買い求める，市場経済を中心とした生活に変化した社会」。消費社会の成立時期については諸説あるが，第一次産業革命の前後（17〜19世紀）の西欧社会とする説は，消費社会の特徴が出現してきた事実（たとえば，賃金を得る人の登場と増加，商品の種類の増加，見本市や百貨店の登場，広告の登場と発達など）を論拠とする。一方，19世紀までの社会は消費社会の萌芽期であり，20世紀の大量生産・大量消費時代の到来をもって消費社会の成立と考える説も多い。なお，大衆消費社会は，「大量生産と大量消費のメカニズムが大衆消費によって支えられる社会」と定義しておこう。1920年代は，大衆消費社会の先駆けと捉えることができる時期である。特に日米は第一次世界大戦による好景気で消費が活発になり，ラジオ放送開始により大衆文化が花開いた時期である。また，第二次世界大戦後の復興を終えた1950年代は，日米欧ともに高度経済成長期を迎え，中間層の拡大と，テレビの急速な普及によるマスメディアの影響拡大を受け，本格的な大衆消費社会が到来した時期といえるだろう。
2. ヴェブレン『有閑階級の理論』（高哲男（訳），1998）p. 118。
3. ジンメル「流行」（Simmel, 1957）p. 541。
4. ライベンシュタインは，非機能欲求として，「効用に対する外部効果」のほかに，投機的欲求と非合理的欲求（衝動的欲求）を挙げている。
5. ガルブレイスは，消費欲求を満足させる過程である生産に消費欲求が依存することを「依存効果」と呼んだ。ガルブレイスによれば，社会が豊かになるにつれて，消費欲求を満足させる過程が同時に消費欲求をつくり出していく程度が，次第に大きくなる。生産の増大に対応する消費の増大は，デモンストレーションや誇示（見せびらかし）を通じて消費欲求をつくり出すように作用する。あるいはまた，生産者がマーケティングによって消費欲求をつくり出そうとすることもある。
6. 「少衆」「分衆」ともに，広告代理店関係者による造語である。「少衆」は，執筆当時電通に在籍していた藤岡和賀夫による『さよなら，大衆。――感性時代

をどう読むか』（藤岡，1984）に登場した造語。「分衆」は，博報堂生活総合研究所の『「分衆」の誕生──ニューピープルをつかむ市場戦略とは』（博報堂生活総合研究所，1985）で登場した造語。物質的に豊かな社会が到来すると，消費行動の多様化，個性化が進み，消費市場は画一的な「大衆」として捉えがたくなった。市場を細分化して少衆あるいは分衆として捉える必要性が問われた。
7．マズローの動機づけ理論は，多くの消費者行動論や消費者心理学のテキストに載っている。しかし，実証的観点からの批判や，諸欲求をヒエラルキーとして捉える考え方，あるいは分類のしかたへの批判もある。
8．マズロー『［改訂新版］人間性の心理学──モチベーションとパーソナリティ』（小口忠彦（訳），1987）p. 61。
9．前掲書 p. 48。
10．前掲書 p. 147。
11．シェア経済とは，個人等が保有する活用可能な資産等（スキルや時間等の無形のものも含まれる）をインターネット上のマッチングプラットフォームを介して，他の個人等も利用可能とする経済活動を指す（総務省『平成29年版情報通信白書』）。
12．ダグラスとイシャウッド『儀礼としての消費──財と消費の経済人類学』（浅田彰・佐和隆光（訳），1984）p. 68。
13．ここでは，ユーティリテリアン・ニーズ（utilitarian needs）を実利欲求と呼ぶ。マーケティングや消費者行動研究で「快楽（hedonic）欲求」と対置する欲求としてutilityを用いる時は，実利的あるいは実用的な意味で使われている。経済学ではutilityを「効用」と訳し，消費者がモノやサービスの消費から得る満足を指すが，本章では快楽欲求との違いを理解しやすくするために，「効用」ではなく「実利」と訳すことにした。
14．「国民生活に関する世論調査」（内閣府）では，「物の豊かさ」と「心の豊かさ」のどちらを重視するかについて質問している。具体的にいえば，「物質的にある程度豊かになったので，これからは心の豊かさやゆとりのある生活をすることに重きをおきたい」か，それとも「まだまだ物質的な面で生活を豊かにすることに重きをおきたい」か，回答者の考えがどちらに近いかを尋ねる質問になっている。回答割合の時系列推移をみると，1970年代前半までは「物の豊かさ」が「心の豊かさ」を上回っていたが後半になると両者が拮抗し，80年代以降は「心の豊かさ」の増加が続いている。
15．その際，2つの関連する二分法を参考にしたという。1つは，消費者行動研究者が議論する快楽財（hedonic goods）（楽しさ促進が主要な意図）と，実用財（utilitarian goods）（実用的目的の達成が主要な意図）の二分法である。もう1つは，外因性の目標（外部，他の人に依存する目標）と内因性の目標（人間にと

って自然な自己実現や成長しようとする傾向と一致する欲望を表す）の二分法である。
16. モノ所有を目的とする支出の場合は，人からどう見られるかを気にする社会的比較が起きやすいが，経験自体を目的とする支出の場合は，社会的比較が起きにくい。

引用文献

Baudrillard, J. (1970). *La société de consommation: Ses mythes, ses structures.* PLANETE. (ボードリヤール, J. 今村仁司・塚原史（訳）(1979). 消費社会の神話と構造　紀伊国屋書店)
Boven, L., & Gilovich, T. (2003). To do or to have? That is the question. *Journal of Personality and Social Psychology, 85(6),* 1193-1202.
Caprariello, P., & Reis, H. (2013). To do, to have, or to share? Valuing experiences over material possessions depends on the involvement of others. *Journal of Personality and Social Psychology, 104(2),* 199-215.
Douglas, M., & Isherwood, B. (1979). *The world of goods.* New York: Basic Books, Inc. (ダグラス, M. & イシャウッド, B. 浅田彰・佐和隆光（訳）(1984). 儀礼としての消費——財と消費の経済人類学　新曜社)
Duesenberry, J. (1949). *Income, saving, and the theory of consumer behavior.* Cambridge: Harvard University Press. (デューゼンベリー, J. S. 大熊一郎（訳）(1975). 所得・貯蓄・消費者行為の理論　改訳三版　巌松堂出版)
藤岡和賀夫（1984）．さよなら，大衆。——感性時代をどう読むか　PHP研究所．
Galbraith, J. (1976). *The affluent society* (3rd ed.). Boston: Houghton Mifflin Company. (ガルブレイス, J. H. 鈴木鉄太郎（訳）(1978). ゆたかな社会　第三版　岩波書店)
博報堂生活総合研究所（1985）．「分衆」の誕生——ニューピープルをつかむ市場戦略とは　日本経済新聞社
Hirschman, E., & Holbrook, M. (1982). Hedonic consumption: Emerging concepts, methods and propositions. *Journal of Marketing, 46,* 92-101.
Howell, R., & Hill, G. (2009). The mediators of experiential purchases: Determining the impact of psychological needs satisfaction and social comparison. *Journal of Positive Psychology, 4(6),* 511-522.
石井淳蔵（1993）．マーケティングの神話　日本経済新聞社
今田高俊（1987）．モダンの脱構築——産業社会のゆくえ　中央公論社
内閣府（2017）．国民生活に関する世論調査（平成29年6月調査）Retrieved from https://survey.gov-online.go.jp/h29/h29-life/index.html（2018年3月30日）
Leibenstein, H. (1950). Bandwagon, snob, and vebren effects in the theory of consumers' demand. *Quarterly Journal of Economics, 64(2),* 183-207.
Maslow, A. (1970). *Motivation and personality* (2nd ed.). Harper & Row. (マズロー, A. H. 小口忠彦（訳）(1987). ［改訂新版］人間性の心理学——モチベーションとパーソ

ナリティ　産業能率大学出版部)

Riesman, D. (1961). *The lonely crowd*. New Haven: Yale University Press.（リースマン, D. 加藤秀俊（訳）(1964). 孤独な群集　みすず書房）

Simmel, G. (1957). Fashion. *American Journal of Sociology, 62(6)*, 541-558.（Original work published 1904, International Quarterly（New York）, X（October, 1904), 130-155)

Tarde, G. (1895). *Les lois de l'imitation* (2nd ed.).（タルド, G. 池田祥英・村澤真保呂（訳）(2007). 模倣の法則　河出書房新社）

Veblen, T. (1899). *The theory of the leisure class: An economic study in the evolution of institutions*. New York: Macmillan.（ヴェブレン, T. 高哲男（訳）(1998). 有閑階級の理論——制度の進化に関する経済学的研究　筑摩書房）

（佐野美智子）

読書案内

　消費者心理学に興味が湧いてきた人たちのために，初学者向けの参考図書を紹介する。読者には，それぞれの知的好奇心の高まりに応じ，リストアップされた書籍を参照しながら，消費者の心理と行動について，理解を深めていただきたい。

　なお，各セクションの選書と紹介は，各章については章の著者が担当し，消費者心理学，消費者行動論，ハンドブックについては編著者が担当した。

1章　どこがお気に入り？

①クリシュナ，A. 平木いくみ・石井裕明・外川拓（訳）(2013). 感覚マーケティング——顧客の五感が買い物に影響を与える　有斐閣
②ローベル，T. 池村千秋（訳）(2015). 赤を身につけるとなぜもてるのか？　文藝春秋

　①注4で紹介した感覚マーケティングの第一人者であるアラドナ・クリシュナの著書である。5つの感覚ごとにその特徴と，それらを企業がマーケティングに生かしていく方法が提案されている。感覚マーケティングの概容を理解する入門書として最適な本である。
　②身体化認知理論にもとづく具体的事例を多く紹介している本である。紹介されている研究事例は，一流の科学誌に掲載された論文や，別の研究者によって追試で確認されたものであるため，この分野の研究を理解し，面白さを感じてもらうためにはうってつけの本である。

2章　本当にお買い得？

①アリエリー，D. 熊谷淳子（訳）(2008). 予想どおりに不合理——行動経済学が明かす「あなたがそれを選ぶわけ」早川書房
②カーネマン，D. 村井章子（訳）(2012). ファスト & スロー——あなたの意思はどのように決まるか？(上・下) 早川書房

　①は行動経済学の入門書として知られているが，消費者心理学における実験の着想をどこから得るのか，また，それを心理学の手法を駆使した実験にどのように落とし込んでいくのかを考えながら読むと，一段と面白い。本章冒頭で紹介した無料の効果の実験は本書第5章で，価格の高低で偽薬の鎮痛効果が左右される実験は第11章で紹介されている。2013年にはハヤカワ・ノンフィクション文庫から文庫化されている。
　②はカーネマンが，判断と意思決定に関して一般読者向けに解説したはじめての著作である。消費者が行いがちである癖とも呼べるような行動傾向を知りたいときに，一度は読んでおきたい書物である。メンタル・アカウンティングやプロスペクト理論に関しては，下巻の第4部で解説されている。2014年にはハヤカワ・ノンフィクション文庫から文庫化されている。

3章　見ているだけで欲しくなる？

①水野由多加・妹尾俊之・伊吹勇亮（編）(2015). 広告コミュニケーション研究ハンドブック 有斐閣
②プラトカニス，A.・アロンソン，E. 社会行動研究会（訳）(1998). プロパガンダ——広告・政治宣伝のからくりを見抜く　誠信書房
③アンドルース，M.・ファン・レイヴェン，M.・ファン・バーレン，R. 坂東智子（訳）(2016).「人を動かす」広告デザインの心理術33 ——人の無意識に影響を与える，イメージに秘められた説得力　BNN新社

　本章では広告の心理的効果について解説を行った。

①は経済，法律，歴史など心理学以外の観点からも広告を扱っており，この分野について網羅的に知りたい場合はオススメである。第6章では社会心理学における広告研究の推移を時系列でとらえ，それぞれの特徴や限界を詳細に議論している。

　②は消費者に向けた広告だけでなく，大衆全体の説得を企図して行われる宣伝活動であるプロパガンダについても，歴史的事実や実証研究をふまえて心理学の観点から精緻に検討している。

　③は世界各国の広告を実例としてとりあげ，それぞれがどのような心理的効果を狙っているかを解説する一冊である。解説部分の表現がやや極端であるため注意が必要だが，広告の心理的効果が実際にどのような形で広告に活かされているかを知ることができる。

4章　買わずにはいられない？

①アンダーヒル，P. 鈴木主税・福井昌子（訳）(2009)．なぜこの店で買ってしまうのか——ショッピングの科学［新版］　早川書房
②ウェッソン，C. 斎藤学（訳）(1992)．買い物しすぎる女たち　講談社

　①は1999年にアメリカで刊行され，世界的ベストセラーとなった書籍の新版。徹底した行動分析に基づき，店舗内の人々の動きや習性を理解しようとしたもので，多くの事例が掲載されている。ビジネス書，学術書，一般書のいずれの観点からも通読する価値のある一冊。新版では，変化したショッピング環境に対応するべく，全面改稿されており，2014年にはハヤカワ・ノンフィクション文庫から文庫化されている。

　②は買い物依存症に焦点を当てた数少ない書籍の一冊。買い物依存症者が抱える心の闇や実態について，多くの事例をもとに鋭く解説されている。買い物依存研究の出発点としての必読書。1996年には講談社プラスアルファ文庫にも収められている。

5章　最初に思い出すブランドは？

①高野陽太郎（編）(1995)．認知心理学2　記憶　東京大学出版会

②ケラー，K. L. 恩蔵直人（監訳）(2010)．戦略的ブランド論　東急エージェンシー

　知識に関する研究領域は，認知心理学においても昔から関心のある領域であり研究が進められてきた。
　①では，この章では扱わなかった注意や記憶の獲得，忘却なども扱っており，消費者行動における記憶や知識の役割を理解する上で参考になる。
　②はブランド知識とブランド管理に関し体系的に記述した書籍。本章で取り上げた部分だけではなく，ブランド拡張などブランド管理についても体系的に論じられており，ブランドに関心があれば，一度は目にするべき書籍。事例が多く，その事例を読むだけでも参考になる。

6章　そのブランドじゃないとダメ？

①和田充夫 (2002)．ブランド価値共創　同文舘出版
②シュルツ，H.・ジョーンズ，D. Y. 小幡照雄・大川修二（訳）(1998)．スターバックス成功物語　日経BP社
③シュルツ，H.・ゴードン，J. 月沢李歌子（訳）(2011)．スターバックス再生物語──つながりを育む経営　徳間書店

　①はブランド・ロイヤルティ研究の第一人者の書籍。ブランドが単に消費の対象であった時代から，これからは，ブランドと消費者が共に価値を作り出す関係性（リレーションシップ）が重要な時代であると述べている。研究書であるものの，事例を豊富に使っているため，ブランドとの関係性についてわかりやすく理解できる良書である。
　②と③はスターバックスのシュルツ会長が書いた書籍である。②はスターバックスが成長してきた背景にある，ブランドに対する想い，消費者にとってのブランドの価値について，シュルツ会長の生い立ちからビジネスの成長に至る過程について示したものである。③は，その後，スターバックスが出店することに意識が向いたため，消費者からの信頼を失い，ブランドとして失速していた状況からのV字回復（復活劇）について書かれた書籍である。ブランドとして大切にしてきた顧客（消費

者）との絆，顧客体験，想いがそこにある．

7章　どっちが「買い」？

①アイエンガー, S. 櫻井祐子（訳）(2010). 選択の科学——コロンビア大学ビジネススクール特別講義　文藝春秋
②シュワルツ, B. 瑞穂のりこ（訳）(2012). なぜ選ぶたびに後悔するのか——オプション過剰時代の賢い選択術　武田ランダムハウスジャパン

　①はアイエンガーのはじめての著書。必ずしも平易な内容ばかりではないが，気になる章（講）から読み始めても理解できるように書かれている。ジャム実験に関心がある人は第6講から読み始めるとよい。なお，本書は文春文庫にも収められている。
　②は一般読者向けに書かれた心理学書。原著のタイトル通り「選択というパラドックス」について，幸福感やうつ病なども視野に入れながら論じている。マキシマイザーについては第4章で詳しく解説されている。

8章　雰囲気で買ってしまう？

①深田博己 (2002). 説得心理学ハンドブック——説得コミュニケーション研究の最前線　北大路書房
②大平英樹 (2010). 感情心理学・入門　有斐閣

　①は説得研究のさまざまな領域を取り上げて解説する専門書。領域ごとに実証研究例も紹介されている。第5章から第7章では，それぞれ気分，ユーモア，恐怖感情と説得の問題を扱っている。本章で取り上げられた内容をより深く学ぶことができる。
　②は感情に関する理論やモデルを，進化や認知，発達などの諸側面からわかりやすく紹介している。心理学における感情の研究方法を知ることができる。

9章　理由なき購買?

①下條信輔 (1996).　サブリミナル・マインド——潜在的人間観のゆくえ　中央公論社
②山田 歩 (2019).　選択と誘導の認知科学　新曜社

　①は認知・行動・神経科学研究の進展から浮かび上がってきた「認知過程の潜在性・自動性」に焦点を当て，そこから導き出される人間観について考究される。大学講義が一般書にまとめられたもの。
　②は「選択に働きかける」と「選択を説明する」をテーマに，無自覚的な選択と選択の誘導をもたらす認知過程と，それらをめぐる人びとの認識について探っていく。大学講義が一般書にまとめられたもの。

10章　どうやって背中を押す?

①チャルディーニ, R. B. 社会行動研究会（訳）(2014).　影響力の武器［第三版］　誠信書房
②チャルディーニ, R. B. 安藤清志（監訳）・曾根寛樹（訳）(2017).　プリ・スエージョン——影響力と説得のための革命的瞬間　誠信書房

　①，②ともにチャルディーニの主要著書。
　①は多くのビジネスパーソンも読んでいる社会人必読の書である。版が重ねられるほどに内容も充実しているので，是非とも最新版を読んでほしい。内容は，本章で紹介した6つの影響力について，豊富な事例に基づいて詳述されている。さらに，本章では触れなかったが，それぞれの影響力に対する消費者の立場からの防衛法も議論されている。
　②はチャルデーニの最新刊の翻訳である。6つの影響力を効果的にするための特権的瞬間について検討している。本書を通読すると，社会心理学と行動経済学の密接なつながりも理解できる。

11章　言わずにはいられない？

①ブッシュ，D. M.・フリースタッド，M.・ライト，P.　安藤清志・今井芳昭（監訳）(2011)．市場における欺瞞的説得——消費者保護の心理学　誠信書房
②スタウス，B.・シーデル，W.　近藤隆雄（監訳）(2008)．苦情マネジメント大全——苦情の受理から分析・活用までの体系　生産性出版

　①は，説得研究の中でも，市場における欺瞞的説得に焦点を当て，消費者保護の心理学という観点からまとめられた，おそらく世界最初の専門書である。アメリカで2009年に刊行された本書であるが，具体的な欺瞞戦術が詳しく解説されており，日本市場に蔓延する欺瞞的説得から身を守るためにも非常に参考になる。「賢い消費者」になるための必読書といえる。
　②の著者は，ドイツにおける代表的なサービス・マネジメントの研究者である。本書は，苦情の定義から活用にいたるまで，苦情対応にかかわるあらゆる項目を網羅しており，2004年の出版以降，苦情対応の専門書として欧米を中心に多くの国で活用されている。苦情行動者の心理を知る上でも貴重な一冊といえる。

12章　消費するわたしたち？

①チクセントミハイ，M.・ロックバーグ＝ハルトン，E.　市川孝一・川浦康至（訳）(2009)．モノの意味——大切な物の心理学　誠信書房
②青木幸弘（編著）(2011)．価値競争時代のブランド戦略——脱コモディティ化への挑戦　ミネルヴァ書房

　①は自分の身の回りに存在するモノとどのような理由で，どのようにかかわっているのかについて，米国でのインタビュー調査の分析をもとにまとめられた書である。自己定義におけるモノの果たす役割に加え，家族で所有しているモノについての分析も紹介されている。
　②は2000年以降のブランド研究について，ブランドの価値と関係性という視点からまとめられた書である。特に第Ⅲ部の「関係性の構築とブランド価値共創」では，ブランド・コミットメント，ブランド・リレーションシップ，ブランド・コミュニ

ティなど，本章と関係する内容を確認することができる．

13章　欲しいものがなくならない？

①佐野美智子（2013）．消費入門——消費者の心理と行動，そして，文化・社会・経済　創成社
②マズロー，A. 小口忠彦（訳）（1987）．［改訂新版］人間性の心理学——モチベーションとパーソナリティ　産業能率大学出版部
③山崎正和（2003）．社交する人間——ホモ・ソシアビリス　中央公論新社

　①は消費を多面的に理解することを目的に書かれた書。心理学，社会学，経済学，マーケティングなどで扱う消費理論を取り上げ，マクロアプローチからミクロアプローチまで消費に対する多様な接近法を紹介している。消費欲求と消費社会の関連を考える上で参考になる。
　②はマズローの動機づけ理論に関する書。参照されることが多い理論なので，一度読んでおくといいだろう。
　③は2000年代初めに書かれた日本の消費社会の今後を論ずる書。時代の変化とその時々の消費社会の有り様について興味深く読むことができる。2006年に文庫化された。

消費者心理学

①杉本徹雄（編著）（2012）．新・消費者理解のための心理学　福村出版
②守口剛・竹村和久（編著）（2012）．消費者行動論——購買心理からニューロマーケティングまで　八千代出版
③竹村和久（編著）（2000）．消費者行動の社会心理学　北大路書房
④田中洋・清水聰（編）（2006）．消費者・コミュニケーション戦略　有斐閣
⑤杉本徹雄（編）（2013）．マーケティングと広告の心理学　朝倉書店
⑥仁科貞文・田中洋・丸岡吉人（2007）．広告心理　電通

①は日本における消費者心理学の代表的テキスト。各章は各分野の第一人者によって執筆されている。

②は消費者心理学と深く関わる内容を多く含む。高度な内容も含まれているが，わかりやすく書かれた好著。

③は「シリーズ21世紀の社会心理学」（高木修監修）に収められた1冊。消費者の心理と行動を，個人内過程だけでなく，個人間過程，企業，地域性，文化といった多様な視点から解説したもの。水準も高い。

④は「現代のマーケティング戦略」シリーズの第4巻（有斐閣アルマ）。コミュニケーションという視点から，消費者の心理と行動について幅広く学ぶことができる。

⑤は「朝倉実践心理学講座」（海保博之監修）に収められた1冊。第Ⅰ部ではマーケティング，第Ⅱ部では広告と広報，第Ⅲ部では消費者分析（方法論）が取り上げられる。アカデミックな視点とともに，実務・実践という視点から，消費者心理学を学ぶことができる。

⑥は消費者と広告の心理学的な関係を学ぶための専門書。著者たちの実務経験に基づいて執筆されており，ブランド・コミュニケーションを重視した内容構成となっている。事例も豊富で，文献情報も整備されている。

なお，以上の選書にあたっては，現時点で読者が容易に入手できることを基準としたが，この他にも一読を勧めたい専門書は多い。是非，図書館の情報検索システムを使い，「消費」「消費者」「心理学」といったキーワードによって，日本を代表する研究者たちの書籍を探してみてほしい。『新・消費者心理の研究』（小嶋外弘，1972，日本生産性本部），『消費者心理学（第2版）』（馬場房子，1989，白桃書房），『消費行動の社会心理学』（飽戸弘編著，1994，福村出版），『消費者の心理と行動』（神山進，1997，中央経済社）などを初めとする多くの書籍から，この分野の歴史と研究成果について，詳しく学ぶことができるはずである。

消費者行動論

①ソロモン，M. R. 松井剛（監訳）大竹光寿・北村真琴・鈴木智子・西川英彦・朴宰佑・水越康介（訳）(2015). ソロモン消費者行動論　丸善出版

②青木幸弘・新倉貴士・佐々木壮太郎・松下光司 (2012). 消費者行動論――マーケティングとブランド構築への応用　有斐閣

③青木幸弘 (2010). 消費者行動の知識　日本経済新聞出版社

　①はグローバル・スタンダードとして名高いテキストの翻訳書。読みやすい訳文に加え，事例の一部を日本の読者向けに差し替えるなど，細やかな配慮が施された良書。ハードカバーとソフトカバー（上中下3分冊）がある。
　②は本書と並行して読まれるべき代表的テキスト。消費者行動論の基盤となる重要事項が大変わかりやすく説明されている。
　③は第一人者による実務家向けの解説書。コンパクトでありながら，体系が理解できるように構成されており，消費者情報処理理論を理解するための必読書となっている。

ハンドブック

①Haugtvedt, C. P., Herr, P. M., & Kardes, F. R. (Eds.) (2008). *Handbook of consumer psychology*. New York, NY: Psychology Press.
②Jansson-Boyd, C. V., & Zawisza, M. J. (Eds.) (2017). *Routledge international handbook of consumer psychology*. New York, NY: Routledge.
③Norton, M. I., Rucker, D. D., & Lamberton, C. (Eds.) (2015). *The Cambridge handbook of consumer psychology*. New York, NY: Cambridge University Press.
④Bearden, W. O., Netemeyer, R. G., & Haws, K. L. (Eds.) (2011). *Handbook of marketing scales: Multi-item measures for marketing and consumer behavior research* (3rd ed.). Thousand Oaks, CA: Sage.

　ハンドブックとは当該分野の重要事項を簡潔に説明した便覧のことである。ただし，学問分野のハンドブックには，単なる便覧を超えて，事典や論文集と同レベルの内容となっているものも多い。そのため，内容は高度に専門的であることも少なくないが，その分，当該分野の具体的な研究テーマ，概念，理論，参考文献などを調べる際には大変有益である。ただし，残念なことに，現時点では日本語で書かれた消費者心理学のハンドブックは存在しない。そのため，ここでは，英語で書かれ

た最近のハンドブックを紹介する。

　①は1,300ページにも及ぶ大著。刊行から10年が経過したが，今なお圧倒的な情報量と高度な専門性を誇る。研究者必携のハンドブックである。

　②は世界的に著名な学術出版社の名を冠した最新のハンドブック。心理学的な内容を基盤としながらも，オンライン環境，擬人観，サステイナビリティなど，比較的新しいテーマも幅広くカバーしている。

　③はケンブリッジ大学出版局から刊行されたハンドブック。個人，対人，社会構造にフォーカスした3つのパートから成る。①や②と比べると，選定されたテーマにユニークなものが多い点が特徴となっている。

　④は消費者の心理や行動を測定するための尺度の集成。消費者心理学や消費者行動論の実証研究を行う際に大変有益である。解説は平易な英語で書かれており，文献リストも整備されている。

人名索引

■あ 行

アーカー, J. L.　88, 89
アイエンガー, S.　99-102, 107, 108, 110
青木幸弘　52, 53, 74
アリエリー, D.　19, 147, 157
アリストテレス　159
アルゴ, J. J.　158
アルジェシャイマー, R.　190
池内裕美　172
石井淳蔵　202
イシャウッド, B.　201, 206
今田高俊　200
ウィルソン, T. D.　130, 140, 141
ウェッソン, C.　61, 62
ヴェブレン, T.　196, 205
ヴォース, K. D.　54
ウォーチェル, S.　60
エスカラス, J. E.　182, 184-186, 192
オーグィン, T. C.　189, 193
オリバー, R. L.　86, 174

■か 行

カーネマン, D.　25
ガルブレイス, J.　197, 205
菅野佐織　94
キム, C. K.　89
久保田進彦　94, 95
グリーンワルド, A. G.　137
クリストファーソン, K.　157

■さ 行

黒岩健一郎　173
ケラー, K. L.　181
小嶋外弘　92, 93
ゴッフマン, E.　181

サイモン, H. A.　107, 111
ザラントネロ, L.　90
サンボンマツ, D. M.　135
シフリン, R. M.　134, 135
シュウ, A. J.　55
シュナイダー, W.　134, 135
シュミット, B. H.　89, 90
シュワルツ, B.　109-111
シュワルツ, N.　114, 115, 118, 123, 125
シンハ, R. K.　190
ジンメル, G.　196, 205
杉本徹雄　92
スクーラー, J. W.　140

■た 行

ターナー, J.　183
ダール, D. W.　157, 158, 187, 188
ダグラス, M.　201, 206
竹内清之　173
タジフェル, H.　183
タルド, G.　196
チャートランド, T.　138
チャルディーニ, R. B.　59, 150, 154,

155, 170
デパウロ, B. M.　166
デューゼンベリー, J.　197
トヴァスキー, A.　25
外山みどり　131
トンプソン, S. A.　190

■な 行

中嶋智史　59
永野光朗　92
中森三和子　173
新倉貴士　91, 93
ニスベット, R. E.　130
布井雅人　59

■は 行

パーク, C. W.　182, 183
ハーシュマン, E.　202
バウマイスター, R. F.　53, 54
パク, S. B.　89
バナジ, M. R.　137
ハン, D.　89
ファジオ, R. H.　135
フェイバー, R. J.　54
フォーガス, J. P.　118, 121
藤村和宏　172
ブッシュ, D. M.　164
ブラクス, J. J.　90
ブラック, D. W.　62
プルースト, M.　10
フルニエ, S.　94

ベットマン, J. R.　182, 184-186, 192
ベルク, R. W.　180, 181
ボードリヤール, J.　201
ホッグ, M. A.　183
ホルブルック, M.　202
ポレッチ, J.　159
ホワイト, K.　157-159, 187, 188

■ま 行

マズロー, A.　198-200, 206
マッティラ, A. S.　58, 59
ミリマン, R. E.　57
ムニス, A. M. Jr.　189, 193

■や 行

山田歩　131
吉川左紀子　59

■ら 行

ライベンシュタイン, H.　197, 205
リースマン, D.　197
リック, S. I.　63
レッシグ, V P.　182, 183
レバブ, J.　147, 157

■わ 行

ワーツ, J.　58, 59
ワイスクランツ, L.　136
ワリントン, E. K.　136

事項索引

■あ 行

悪質商法　163, 167, 170, 171, 175
味　12, 13
アップル　88
アテンションシール　57, 64
アメリカ精神医学会　64
アルゴリズム　110
アンカリング効果　27, 28
安全の欲求　198-200
意思決定方略　102, 103, 109
依存　61, 64
依存効果　197, 198, 204, 205
意味ネットワーク　74
印象管理　157, 158
ウィルキン＆サンズ　100
ヴェブレン効果　197
永続的関与　92
エンパワーメント　175
大台割れ効果　27
オノマトペ　12
重さ　13, 14
音楽　8, 9

■か 行

外集団　183, 185-188, 190
外集団差別　186, 187, 191
買い物依存症　60-62
快楽消費　202, 203
快楽欲求　201-204, 206
香り　10, 11

拡張自己　180, 181
加重加算型　103, 105, 106
硬さ　13, 15
価値表出的影響　183, 184
カテゴリー化　75
カテゴリー知識構造　74
カフェウォール錯視　4
感覚　3, 4
関係への欲求　200, 204
感情一致効果　115
感情混入モデル　118
感情参照型　103, 106
感情情報機能説　114
感情的関与　92
感情的動機　92
願望集団　183, 184
関与　42-44, 87, 91, 92, 94, 96
関与の持続性　92
関与の対象　91
関与の強さ　91
関与の元になる動機のタイプ　92
関連購買　52, 53
記憶　10, 11
記憶の連合ネットワーク理論　120
希少性　59, 60, 151, 154, 170, 171
偽装　164, 165
帰属　131
期待不一致モデル　174
機能的便益　181, 182
機能欲求　197, 198, 202, 204
基本的欲求　198-200
基本的欲求階層の理論　199

欺瞞　163, 164, 166, 167, 170, 175, 176
欺瞞戦術　164, 165
欺瞞的説得　163, 164, 170
偽薬　21, 22
嗅覚　4, 10, 11
強迫的購買　63, 64
恐怖感情　113, 121-123
恐怖コミュニケーション　121, 122
拒否集団　183, 187, 188
苦情　172-176
苦情行動　171, 173
クレーム　163, 172, 175
クレジットカード　31, 32
クロスアディクション　61
計画購買　52, 53
経験財　21, 141
欠乏動機　198, 200, 204
権威　151, 153
限界効用逓減　26, 30, 33
限定合理性　107
健忘症患者　136
好意　151, 153
効果量　176
広告関与　92
高次欲求　198, 200
購買意思決定　104, 109
購買理由　129
効用　26
功利的影響　183
コカ・コーラ　88
誤帰属　131
誇示　196, 201, 205
誇示的消費　196, 204
個人的アイデンティティ　180
個性志向　198
ゴディバ　101, 102
コミットメントと一貫性　151, 152

■さ 行
サードプレイス　89
最大化原理　107, 109, 111
最適化原理　107-109
差異動機　200, 201, 204
再認課題　136
サイレント・マジョリティ　172
錯視　4
錯覚　4
サティスファイサー　109, 110
サンクコスト効果　30, 31
参照点　23-26
シェア経済　200, 204, 206
視覚　4-8
自覚　137
視覚的重量感　6, 7
刺激　4
自己概念　180, 183
自己確証　184, 192
自己高揚　157, 158, 184, 192
自己実現欲求　198, 199, 202, 204
自己制御　54, 59
自己制御資源モデル　53, 54
自己統制　53-56
辞書式順序型　110
辞書編纂型　103, 104, 110
下準備　155, 156
実利欲求　202, 204, 206
自動的過程モデル　138
自動的処理　134
支払意思額　23, 28
嗜癖　64
指名買い　85, 86
社会的アイデンティティ　180, 183, 185, 191
社会的アイデンティティ理論　182, 183, 185, 186, 189, 190
社会的意味への欲求　201

事項索引

社会的証明　151, 152
社会的相互依存性　195, 196, 198, 204
社会的比較　203, 207
社会的欲求　157
自由裁量消費　195, 198
周辺ルート　42, 44, 45
主観的感覚　113, 123, 125
熟考　140
準拠集団　182-184
準拠枠　182
順応水準　23
条件購買　52, 53
承諾先取り技法　152
象徴的便益　180-182
衝動購買　51
承認の欲求　198-200
消費者　5
情報源泉　39-42, 45
情報処理動機　42, 45
情報処理能力　42
情報的影響　183
所属集団　182-184
所属と愛の欲求　198-200
触覚　4, 13
自律　137
真実バイアス　170
身体化認知理論　15
信憑性　39-44
心理的財布　28, 29, 31
心理的リアクタンス　45-47, 154
スイッチ　86, 87
スキーマ　74
スクリプト　74
スターバックス　85, 87, 89, 93, 94
スノッブ効果　197
制御資源　54, 55, 59
精査可能性モデル　41, 42, 44, 45, 116
誠実性　40
成長動機　200, 201

製品関与　91, 92
生理的欲求　198-200, 205
世界保健機関　61
選好の相互依存性　197
潜在記憶　134, 136
潜在的情報処理　129
潜在的態度　137
前頭前野　22, 33
専門性　40
想起購買　52, 53
想起集合　70
相互協調的自己観　192
相互独立的自己観　186, 192
損失回避　25, 26

■た　行

他者指向　198, 200
他者指向型人間　197
他者とのつながり　157
多属性意思決定　106, 107
多属性効用理論　106, 107
段階型　103, 106
短期記憶　70
単語完成課題　136
探索財　141
単純加算型　103, 105, 106
単純接触効果　38, 39, 132
知覚　3, 4
逐次消去型　103, 104, 106
知名集合　70
注意　134, 156
中心ルート　42, 44, 45
聴覚　4, 8
長期記憶　70
つながりへの欲求　204
適合性　8
手触り　13, 14
デモンストレーション　205

デモンストレーション効果　197, 198, 204
電子決済　31, 32
ドア・イン・ザ・フェイス技法　151
同一化アプローチ　94
動機づけ　91
東芝　163
統制的処理　134
特権的瞬間　155
トヨタ　88
ドレーガーズ　99, 100, 110

■な 行

内集団　183, 185, 186, 188
内集団ステレオタイプ　183
内集団びいき　183, 190, 191
認知的関与　92
認知的動機　92

■は 行

パートナー　94
ハーレー・オーナーズ・グループ　179, 189
ハーレーダビッドソン　179, 180, 189
パッケージ　6
バンドワゴン効果　197
反応関与　92
非機能欲求　197, 198, 205
非計画購買　52, 59
必需消費　195, 198
人並み志向　198
非補償型意思決定ルール　103
ヒューリスティクス　111
ヒューリスティック　106, 107, 110, 111, 155, 171, 176
フット・イン・ザ・ドア技法　152
不当表示　164

プライミング効果　28
プラダ　91
ブランド・エクイティ　73
ブランド・エクスペリエンス　87, 89-91
ブランド関与　91, 92
ブランド・コミットメント　92
ブランド・コミュニティ　189, 190, 193
ブランドスイッチ　174
ブランド・パーソナリティ　86-89, 91
ブランド・リレーションシップ　87, 91-96
フリーミアム　21
プリウス　91
プリ・スエージョン　155
プルースト効果　17
フレーミング効果　23-25
プロスペクト理論　25, 26, 30
文化的自己観　186
分離型　103, 105
ペプシ　88
便益　181
ベンツ　88
返報性　151
補償型意思決定ルール　103, 105
ホモ・エコノミカス　107
ポンゾ錯視　4

■ま 行

マキシマイザー　109, 110
満足化原理　107-109
味覚　4, 12
見せびらかし　201, 205
見せびらかし消費　196
魅力　40, 41
メタ分析　176
メンタル・アカウンティング　29-31

模倣　196

■や　行

ユーモア感情　113, 121-123
豊かさ観　202
ユニークネス　157

■ら　行

楽観バイアス　170
リアクタンス理論　60
リカバリー・パラドックス　175
リテール・セラピー　63

リボルビング払い　32
理由　129
流通経済研究所　51
ルイ・ヴィトン　91
連結型　103, 105
連合学習　10
連想　156
ロイヤルティ　85-87, 94, 96, 174

■アルファベット

POP広告　57, 59, 64
UAゼンセン　172
USJ　174

編著者・著者紹介

編著者

山田一成（やまだ かずなり）［7章］
　現職：東洋大学社会学部 教授
　最終学歴：東京大学大学院社会学研究科博士課程単位取得退学
　著書・論文：『心理学研究法 補訂版』(2017年，有斐閣，分担執筆)，『よくわかる社会心理学』(2007年，ミネルヴァ書房，共編著)．

池内裕美（いけうち ひろみ）［4章・11章］
　現職：関西大学社会学部 教授　博士（社会学）
　最終学歴：関西学院大学大学院社会学研究科博士課程後期課程修了
　著書・論文：『広告コミュニケーション研究ハンドブック』(2015年，有斐閣，分担執筆)，『暮らしの中の社会心理学』(2012年，ナカニシヤ出版，分担執筆)．

著者

平木いくみ（ひらき いくみ）［1章］
　現職：東京国際大学商学部 教授
　最終学歴：早稲田大学商学研究科博士後期課程単位取得退学
　著書・論文：『マーケティング論』(2017年，放送大学教育振興会，共著)，『感覚マーケティング』(2016年，有斐閣，共訳)．

秋山　学（あきやま まなぶ）［2章］
　現職：神戸女子大学心理学部 教授
　最終学歴：同志社大学大学院文学研究科博士後期課程退学
　著書・論文：『心理調査の基礎』(2017年，有斐閣，分担執筆)，『新・消費者理解のための心理学』(2012年，福村出版，分担執筆)．

小森めぐみ（こもり めぐみ）［3章］
　現職：淑徳大学総合福祉学部 准教授　博士（社会学）
　最終学歴：一橋大学大学院社会学研究科博士課程修了
　著書・論文：『よくわかる心理学実験実習』(2018年，ミネルヴァ書房，分担執筆)，『エピソードでわかる社会心理学——恋愛関係・友人関係から学ぶ』(2017年，北樹出版，分担執筆)．

上田雅夫（うえだ まさお）［5章］
　現職：横浜市立大学データサイエンス学部 教授　博士（商学）
　最終学歴：早稲田大学大学院商学研究科博士課程修了

著書・論文：『マーケティング・エンジニアリング入門』（2017年，有斐閣，共著），「ブランド連想ネットワークの経時変化の理解」（2017年，行動計量学，単著）．

髙橋広行（たかはし ひろゆき）［6章］
現職：同志社大学商学部 教授　博士（商学）
最終学歴：関西学院大学大学院商学研究科博士課程後期課程修了
著書・論文：『消費者視点の小売イノベーション――オムニ・チャネル時代の食品スーパー』（2018年，有斐閣，単著），『カテゴリーの役割と構造――ブランドとライフスタイルをつなぐもの』（2011年，関西学院大学出版会，単著）．

田中知恵（たなか ともえ）［8章］
現職：明治学院大学心理学部 教授　博士（社会学）
最終学歴：一橋大学大学院社会学研究科博士後期課程単位取得退学
著書・論文：『社会心理学――過去から未来へ』（2015年，北大路書房，分担執筆），『社会心理学』（2014年，放送大学教育振興会，分担執筆）．

山田　歩（やまだ あゆみ）［9章］
現職：滋賀県立大学人間文化学部 准教授　博士（心理学）
最終学歴：学習院大学大学院人文科学研究科博士後期課程退学
著書・論文：『選択と誘導の認知科学』（2019年，新曜社，単著），'The Effect of an Analytical Appreciation of Colas on Consumer Beverage Choice.' (2014年, *Food Quality and Preference*, 共著）．

大久保暢俊（おおくぼ のぶとし）［10章］
現職：東洋大学人間科学総合研究所 客員研究員　博士（社会学）
最終学歴：東洋大学大学院社会学研究科博士後期課程修了
著書・論文：『よくわかる社会心理学』（2007年，ミネルヴァ書房，分担執筆），「買物意識の２次元モデルについての検討」（2018年，社会心理学研究，共著）．

宮澤　薫（みやざわ かおる）［12章］
現職：千葉商科大学サービス創造学部 教授
最終学歴：学習院大学大学院経営学研究科博士後期課程単位取得退学
著書・論文：『ケースに学ぶマーケティング』（2015年，有斐閣，分担執筆），『価値共創時代のブランド戦略――脱コモディティ化への挑戦』（2011年，ミネルヴァ書房，分担執筆）．

佐野美智子（さの みちこ）［13章］
現職：跡見学園女子大学観光コミュニティ学部 教授　博士（学術）
最終学歴：東京工業大学大学院社会理工学研究科価値システム専攻博士課程修了
著書・論文：『消費入門――消費者の心理と行動，そして，文化・社会・経済』（2013年，創成社，単著），『心が消費を変える――消費者心理の変化と消費増減の関係を探る』（2004年，多賀出版，単著）．

消費者心理学

2018年9月20日　第1版第1刷発行
2024年3月20日　第1版第8刷発行

編著者　山　田　一　成

　　　　池　内　裕　美

発行者　井　村　寿　人

発行所　株式会社　勁　草　書　房
112-0005 東京都文京区水道2-1-1　振替 00150-2-175253
（編集）電話 03-3815-5277／FAX 03-3814-6968
（営業）電話 03-3814-6861／FAX 03-3814-6854
堀内印刷所・中永製本

©YAMADA Kazunari, IKEUCHI Hiromi　2018

ISBN978-4-326-25128-5　Printed in Japan

 ＜出版者著作権管理機構　委託出版物＞
本書の無断複製は著作権法上での例外を除き禁じられています。
複製される場合は、そのつど事前に、出版者著作権管理機構
（電話 03-5244-5088, FAX 03-5244-5089, e-mail: info@jcopy.or.jp）
の許諾を得てください。

＊落丁本・乱丁本はお取替いたします。
　ご感想・お問い合わせは小社ホームページから
　お願いいたします。

https://www.keisoshobo.co.jp

子安増生 編著
アカデミックナビ 心理学　　　　　　　　　　2970円

牧野圭子
消費の美学　　　　　　　　　　　　　★3080円
　消費者の感性とは何か

熊田孝恒 編著
商品開発のための心理学　　　　　　　　　2750円

白岩祐子・池本忠弘・荒川歩・森祐介 編著
ナッジ・行動インサイトガイドブック　　　3300円
　エビデンスを踏まえた公共政策

リチャード・H・スミス 著　澤田匡人 訳
シャーデンフロイデ　　　　　　　　　　　2970円
　人の不幸を喜ぶ私たちの闇

金築智美 編著
自己心理学セミナー　　　　　　　　　　　2200円
　自己理解に役立つ13章

幸田達郎
基礎から学ぶ産業・組織心理学　　　　　　2970円

原木万紀子
大学生のためのビジュアルリテラシー入門
　　　　　　　　　　　　　　　　　　　　2750円

アレックス・ラインハート 著　西原史暁 訳
ダメな統計学　　　　　　　　　　　　　　2420円
　悲惨なほど完全なる手引書

勁草書房刊

＊表示価格は2024年3月現在。消費税（10％）を含みます。
★はオンデマンド版です。